LEHRER KALENDER 2020 - 2021

Persönliche Daten

Name:	Vorname:
Adresse:	Telefon:
	E-mail:
Schule:	
Notfallkontakt:	

Inhaltsverzeichnis

Wichtige Kontakte

Name:	Name:	Name:
Adresse:	Adresse:	Adresse:
Telefon:	Telefon:	Telefon:
E-mail:	E-mail:	E-mail:
Name:	Name:	Name:
Adresse:	Adresse:	Adresse:
Telefon:	Telefon:	Telefon:
E-mail:	E-mail:	E-mail:
Name:	Name:	Name:
Adresse:	Adresse:	Adresse:
Telefon:	Telefon:	Telefon:
E-mail:	E-mail:	E-mail:
Name:	Name:	Name:
Adresse:	Adresse:	Adresse:
Telefon:	Telefon:	Telefon:
E-mail:	E-mail:	E-mail:
Name:	Name:	Name:
Adresse:	Adresse:	Adresse:
Telefon:	Telefon:	Telefon:
E-mail:	E-mail:	E-mail:

Wichtige Kontakte

Name:	Name:	Name:
Adresse:	Adresse:	Adresse:
Telefon:	Telefon:	Telefon:
E-mail:	E-mail:	E-mail:
Name:	Name:	Name:
Adresse:	Adresse:	Adresse:
Telefon:	Telefon:	Telefon:
E-mail:	E-mail:	E-mail:
Name:	Name:	Name:
Adresse:	Adresse:	Adresse:
Telefon:	Telefon:	Telefon:
E-mail:	E-mail:	E-mail:
Name:	Name:	Name:
Adresse:	Adresse:	Adresse:
Telefon:	Telefon:	Telefon:
E-mail:	E-mail:	E-mail:
Name:	Name:	Name:
Adresse:	Adresse:	Adresse:
Telefon:	Telefon:	Telefon:
E-mail:	E-mail:	E-mail:

Ferien

Bundesland	Herbst	Weihnachten	Winter	Ostern	Pfingsten	Sommer
Baden-Württemberg	26.10.-31.10.20	23.12.-09.01.21	-	01.04. 06.04.-10.04.21	25.05.-05.06.21	29.07.-11.09.21
Bayern	31.10.-06.11.20	23.12.-09.01.21	15.02.-19.02.21	29.03.-10.04.21	25.05.-04.06.21	30.07.-13.09.21
Berlin	12.10.-24.10.20	21.12.-02.01.21	01.02.-06.02.21	29.03.-10.04.21	14.05.21	24.06.-06.08.21
Brandenburg	12.10.-24.10.20	21.12.-02.01.21	01.02.-06.02.21	29.03.-09.04.21	-	24.06.-07.08.21
Bremen	12.10.-24.10.20	23.12.-08.01.21	01.02.-02.02.21	27.03.-10.04.21	14.05./25.05.21	22.07.-01.09.21
Hamburg	05.10.-16.10.20	21.12.-04.01.21	29.01.21	01.03.-12.03.21	10.05.-14.05.21	24.06.-04.08.21
Hessen	05.10.-17.10.20	21.12.-09.01.21	-	06.04.-16.04.21	-	19.07.-27.08.21
Mecklenburg-Vorpommern	05..10.-10.10.20	21.12.-02.01.21	06.02.-19.02.21	29.03.-07.04.21	21.05.-25.05.21	21.06.-31.07.21
Niedersachsen	12.10.-23.10.20	23.12.-08.01.21	01.02.-02.02.21	29.03.-09.04.21	14.05./25.05.21	22.07.-01.09.21
Nordrhein-Westfalen	12.10.-24.10.20	23.12.-06.01.21	-	29.03.-10.04.21	25.05.21	05.07.-17.08.21
Rheinland-Pfalz	12.10.-23.10.20	21.12.-31.12.20	-	29.03.-06.04.21	25.05.-02.06.21	19.07.-27.08.21
Saarland	12.10.-23.10.20	21.12.-31.12.20	15.02.-19.02.21	29.03.-07.04.21	25.05.-28.05.21	19.07.-27.08.21
Sachsen	19.10.-31.10.20	23.12.-02.01.21	08.02.-20.02.21	02.04.-10.04.21	14.05.21	26.07.-03.09.21
Sachsen-Anhalt	19.10.-24.10.20	21.12.-05.01.21	08.02.-13.02.21	29.03.-03.04.21	10.05.-22.05.21	22.07.-01.09.21
Schleswig-Holstein	05.10.-17.10.20	23.12.-09.01.21	-	01.04.-16.04.21	14.05.-15.05.21	21.06.-31.07.21
Thüringen	17.10.-30.10.20	23.12.-02.01.21	08.02.-13.02.21	29.03.-10.04.21	14.05.21	26.07.-04.09.21

Feiertage

15.08.2020	Maria Himmelfahrt	03.10.2020	Tag der deutschen Einheit
21.10.2020	Reformationstag	01.11.2020	Allerheiligen
06.01.2021	Heilige Drei Könige	08.03.2021	Internationaler Frauentag
02.04.2021	Karfreitag	04.04.2021	Ostersonntag
05.04.2021	Ostermontag	01.05.2021	Tag der Arbeit
13.05.2021	Christi Himmelfahrt	23.05.2021	Pfingstsonntag
24.05.2021	Pfingstmontag	03.06.2021	Fronleichnam

August 2020

Mo	Di	Mi	Do	Fr	Sa	So
27	28	29	30	31	1	2
3	4	5	6	7	8	9
10	11	12	13	14	15	16
17	18	19	20	21	22	23
24	25	26	27	28	29	30
31	1	2	3	4	5	6

September 2020

Mo	Di	Mi	Do	Fr	Sa	So
31	1	2	3	4	5	6
7	8	9	10	11	12	13
14	15	16	17	18	19	20
21	22	23	24	25	26	27
28	29	30	1	2	3	4

Oktober 2020

Mo	Di	Mi	Do	Fr	Sa	So
28	29	30	1	2	3	4
5	6	7	8	9	10	11
12	13	14	15	16	17	18
19	20	21	22	23	24	25
26	27	28	29	30	31	1

November 2020

Mo	Di	Mi	Do	Fr	Sa	So
26	27	28	29	30	31	1
2	3	4	5	6	7	8
9	10	11	12	13	14	15
16	17	18	19	20	21	22
23	24	25	26	27	28	29
30	1	2	3	4	5	6

Dezember 2020

Mo	Di	Mi	Do	Fr	Sa	So
30	1	2	3	4	5	6
7	8	9	10	11	12	13
14	15	16	17	18	19	20
21	22	23	24	25	26	27
28	29	30	31	1	2	3

Januar 2021

Mo	Di	Mi	Do	Fr	Sa	So
28	29	30	31	1	2	3
4	5	6	7	8	9	10
11	12	13	14	15	16	17
18	19	20	21	22	23	24
25	26	27	28	29	30	31

Februar 2021

Mo	Di	Mi	Do	Fr	Sa	So
1	2	3	4	5	6	7
8	9	10	11	12	13	14
15	16	17	18	19	20	21
22	23	24	25	26	27	28

März 2021

Mo	Di	Mi	Do	Fr	Sa	So
1	2	3	4	5	6	7
8	9	10	11	12	13	14
15	16	17	18	19	20	21
22	23	24	25	26	27	28
29	30	31	1	2	3	4

April 2021

Mo	Di	Mi	Do	Fr	Sa	So
29	30	31	1	2	3	4
5	6	7	8	9	10	11
12	13	14	15	16	17	18
19	20	21	22	23	24	25
26	27	28	29	30	1	2

Mai 2021

Mo	Di	Mi	Do	Fr	Sa	So
26	27	28	29	30	1	2
3	4	5	6	7	8	9
10	11	12	13	14	15	16
17	18	19	20	21	22	23
24	25	26	27	28	29	30
31	1	2	3	4	5	6

Juni 2021

Mo	Di	Mi	Do	Fr	Sa	So
31	1	2	3	4	5	6
7	8	9	10	11	12	13
14	15	16	17	18	19	20
21	22	23	24	25	26	27
28	29	30	1	2	3	4

Juli 2021

Mo	Di	Mi	Do	Fr	Sa	So
28	29	30	1	2	3	4
5	6	7	8	9	10	11
12	13	14	15	16	17	18
19	20	21	22	23	24	25
26	27	28	29	30	31	1

Jahresüberblick

August	September	Oktober
1 Sa	1 Di	1 Do
2 So	2 Mi	2 Fr
3 Mo	3 Do	3 Sa
4 Di	4 Fr	4 So
5 Mi	5 Sa	5 Mo
6 Do	6 So	6 Di
7 Fr	7 Mo	7 Mi
8 Sa	8 Di	8 Do
9 So	9 Mi	9 Fr
10 Mo	10 Do	10 Sa
11 Di	11 Fr	11 So
12 Mi	12 Sa	12 Mo
13 Do	13 So	13 Di
14 Fr	14 Mo	14 Mi
15 Sa	15 Di	15 Do
16 So	16 Mi	16 Fr
17 Mo	17 Do	17 Sa
18 Di	18 Fr	18 So
19 Mi	19 Sa	19 Mo
20 Do	20 So	20 Di
21 Fr	21 Mo	21 Mi
22 Sa	22 Di	22 Do
23 So	23 Mi	23 Fr
24 Mo	24 Do	24 Sa
25 Di	25 Fr	25 So
26 Mi	26 Sa	26 Mo
27 Do	27 So	27 Di
28 Fr	28 Mo	28 Mi
29 Sa	29 Di	29 Do
30 So	30 Mi	30 Fr
31 Mo		31 Sa

2020 | 2021

November	Dezember	Januar
1 So	1 Di	1 Fr
2 Mo	2 Mi	2 Sa
3 Di	3 Do	3 So
4 Mi	4 Fr	4 Mo
5 Do	5 Sa	5 Di
6 Fr	6 So	6 Mi
7 Sa	7 Mo	7 Do
8 So	8 Di	8 Fr
9 Mo	9 Mi	9 Sa
10 Di	10 Do	10 So
11 Mi	11 Fr	11 Mo
12 Do	12 Sa	12 Di
13 Fr	13 So	13 Mi
14 Sa	14 Mo	14 Do
15 So	15 Di	15 Fr
16 Mo	16 Mi	16 Sa
17 Di	17 Do	17 So
18 Mi	18 Fr	18 Mo
19 Do	19 Sa	19 Di
20 Fr	20 So	20 Mi
21 Sa	21 Mo	21 Do
22 So	22 Di	22 Fr
23 Mo	23 Mi	23 Sa
24 Di	24 Do	24 So
25 Mi	25 Fr	25 Mo
26 Do	26 Sa	26 Di
27 Fr	27 So	27 Mi
28 Sa	28 Mo	28 Do
29 So	29 Di	29 Fr
30 Mo	30 Mi	30 Sa
	31 Do	31 So

Jahresüberblick

Februar	März	April
1 Mo	1 Mo	1 Do
2 Di	2 Di	2 Fr
3 Mi	3 Mi	3 Sa
4 Do	4 Do	4 So
5 Fr	5 Fr	5 Mo
6 Sa	6 Sa	6 Di
7 So	7 So	7 Mi
8 Mo	8 Mo	8 Do
9 Di	9 Di	9 Fr
10 Mi	10 Mi	10 Sa
11 Do	11 Do	11 So
12 Fr	12 Fr	12 Mo
13 Sa	13 Sa	13 Di
14 So	14 So	14 Mi
15 Mo	15 Mo	15 Do
16 Di	16 Di	16 Fr
17 Mi	17 Mi	17 Sa
18 Do	18 Do	18 So
19 Fr	19 Fr	19 Mo
20 Sa	20 Sa	20 Di
21 So	21 So	21 Mi
22 Mo	22 Mo	22 Do
23 Di	23 Di	23 Fr
24 Mi	24 Mi	24 Sa
25 Do	25 Do	25 So
26 Fr	26 Fr	26 Mo
27 Sa	27 Sa	27 Di
28 So	28 So	28 Mi
	29 Mo	29 Do
	30 Di	30 Fr
	31 Mi	

Mai	Juni	Juli
1 Sa	1 Di	1 Do
2 So	2 Mi	2 Fr
3 Mo	3 Do	3 Sa
4 Di	4 Fr	4 So
5 Mi	5 Sa	5 Mo
6 Do	6 So	6 Di
7 Fr	7 Mo	7 Mi
8 Sa	8 Di	8 Do
9 So	9 Mi	9 Fr
10 Mo	10 Do	10 Sa
11 Di	11 Fr	11 So
12 Mi	12 Sa	12 Mo
13 Do	13 So	13 Di
14 Fr	14 Mo	14 Mi
15 Sa	15 Di	15 Do
16 So	16 Mi	16 Fr
17 Mo	17 Do	17 Sa
18 Di	18 Fr	18 So
19 Mi	19 Sa	19 Mo
20 Do	20 So	20 Di
21 Fr	21 Mo	21 Mi
22 Sa	22 Di	22 Do
23 So	23 Mi	23 Fr
24 Mo	24 Do	24 Sa
25 Di	25 Fr	25 So
26 Mi	26 Sa	26 Mo
27 Do	27 So	27 Di
28 Fr	28 Mo	28 Mi
29 Sa	29 Di	29 Do
30 So	30 Mi	30 Fr
31 Mo		31 Sa

Ziele für das Schuljahr 2020 / 2021

Urlaubsplanung 2020 / 2021

Stundenplan

Std.	Montag			Dienstag			Mittwoch			Donnerstag			Freitag		
	Fach	Kl.	Raum	Fach	Kl.	Raum	Fach	Kl.	Raum	Fach	Kl.	Raum	Fach	Kl.	Raum
1															
2															
3															
4															
5															
6															
7															
8															
9															
10															

Std.	Montag			Dienstag			Mittwoch			Donnerstag			Freitag		
	Fach	Kl.	Raum	Fach	Kl.	Raum	Fach	Kl.	Raum	Fach	Kl.	Raum	Fach	Kl.	Raum
1															
2															
3															
4															
5															
6															
7															
8															
9															
10															

Vertretungstunden

Datum	Klasse	Thema	Vertretung für

Vertretungstunden

Datum	Klasse	Thema	Vertretung für

Termine für Schulaufgaben, Arbeiten, Prüfungen usw.

Datum	Klasse	Fach	Thema
Datum	Klasse	Fach	Thema

Termine für Schulaufgaben, Arbeiten, Prüfungen usw.

Datum	Klasse	Fach	Thema

Termine für Schulaufgaben, Arbeiten, Prüfungen usw.

Datum	Klasse	Fach	Thema

Termine für Schulaufgaben, Arbeiten, Prüfungen usw.

Datum	Klasse	Fach	Thema

August 2020

Mo	Di	Mi	Do	Fr	Sa	So
27	28	29	30	31	1	2
3	4	5	6	7	8	9
10	11	12	13	14	15	16
17	18	19	20	21	22	23
24	25	26	27	28	29	30
31	1	2	3	4	5	6

Wochenziele :

____

____

____

____

Std.	Fach	Kl.	Montag 3. August 2020	Sonstiges

Std.	Fach	Kl.	Dienstag 4. August 2020	Sonstiges

Std.	Fach	Kl.	Mittwoch 5. August 2020	Sonstiges

Pausenaufsicht   To do Liste

Mo.

Di.

Mi.

Do.

Fr.

Sonstiges	Donnerstag 6. August 2020	Std.	Fach	Kl.

Sonstiges	Freitag 7. August 2020	Std.	Fach	Kl.

Samstag 8. August 2020	Sonntag 9. August 2020

Notizen:

August 2020

Mo	Di	Mi	Do	Fr	Sa	So
27	28	29	30	31	1	2
3	4	5	6	7	8	9
10	11	12	13	14	15	16
17	18	19	20	21	22	23
24	25	26	27	28	29	30
31	1	2	3	4	5	6

Wochenziele :

Std.	Fach	Kl.	Montag 10. August 2020	Sonstiges

Std.	Fach	Kl.	Dienstag 11. August 2020	Sonstiges

Std.	Fach	Kl.	Mittwoch 12. August 2020	Sonstiges

Pausenaufsicht   To do Liste

Mo. ___________   ________________________________
Di. ___________   ________________________________
Mi. ___________   ________________________________
Do. ___________   ________________________________
Fr. ___________   ________________________________

Sonstiges	Donnerstag 13. August 2020	Std.	Fach	Kl.

Sonstiges	Freitag 14. August 2020	Std.	Fach	Kl.

Samstag 15. August 2020	Sonntag 16. August 2020

Notizen:
____
____

August 2020

Mo	Di	Mi	Do	Fr	Sa	So
27	28	29	30	31	1	2
3	4	5	6	7	8	9
10	11	12	13	14	15	16
17	18	19	20	21	22	23
24	25	26	27	28	29	30
31	1	2	3	4	5	6

Wochenziele :

Std.	Fach	Kl.	Montag 17. August 2020	Sonstiges

Std.	Fach	Kl.	Dienstag 18. August 2020	Sonstiges

Std.	Fach	Kl.	Mittwoch 19. August 2020	Sonstiges

Pausenaufsicht   To do Liste

Mo. ______________   ________________________________
Di. ______________   ________________________________
Mi. ______________   ________________________________
Do. ______________   ________________________________
Fr. ______________   ________________________________

Sonstiges	Donnerstag 20. August 2020	Std.	Fach	Kl.

Sonstiges	Freitag 21. August 2020	Std.	Fach	Kl.

Samstag 22. August 2020	Sonntag 23. August 2020

Notizen:
____
____

August 2020

Mo	Di	Mi	Do	Fr	Sa	So
27	28	29	30	31	1	2
3	4	5	6	7	8	9
10	11	12	13	14	15	16
17	18	19	20	21	22	23
24	25	26	27	28	29	30
31	1	2	3	4	5	6

Wochenziele :

Std.	Fach	Kl.	Montag 24. August 2020	Sonstiges

Std.	Fach	Kl.	Dienstag 25. August 2020	Sonstiges

Std.	Fach	Kl.	Mittwoch 26. August 2020	Sonstiges

Pausenaufsicht   To do Liste

Mo.
Di.
Mi.
Do.
Fr.

Sonstiges	Donnerstag 27. August 2020	Std.	Fach	Kl.

Sonstiges	Freitag 28. August 2020	Std.	Fach	Kl.

Samstag 29. August 2020	Sonntag 30. August 2020

Notizen:

September 2020

Mo	Di	Mi	Do	Fr	Sa	So
31	1	2	3	4	5	6
7	8	9	10	11	12	13
14	15	16	17	18	19	20
21	22	23	24	25	26	27
28	29	30	1	2	3	4

Wochenziele :

____

____

____

____

Std.	Fach	Kl.	Montag 31. August 2020	Sonstiges

Std.	Fach	Kl.	Dienstag 1. September 2020	Sonstiges

Std.	Fach	Kl.	Mittwoch 2. September 2020	Sonstiges

Pausenaufsicht   To do Liste

Mo.
Di.
Mi.
Do.
Fr.

Sonstiges	Donnerstag 3. September 2020	Std.	Fach	Kl.

Sonstiges	Freitag 4. September 2020	Std.	Fach	Kl.

Samstag 5. September 2020	Sonntag 6. September 2020

Notizen:

September 2020

Mo	Di	Mi	Do	Fr	Sa	So
31	1	2	3	4	5	6
7	8	9	10	11	12	13
14	15	16	17	18	19	20
21	22	23	24	25	26	27
28	29	30	1	2	3	4

Wochenziele :

____

____

____

____

Std.	Fach	Kl.	Montag 7. September 2020	Sonstiges

Std.	Fach	Kl.	Dienstag 8. September 2020	Sonstiges

Std.	Fach	Kl.	Mittwoch 9. September 2020	Sonstiges

Pausenaufsicht	To do Liste
Mo.	
Di.	
Mi.	
Do.	
Fr.	

Sonstiges	Donnerstag 10. September 2020	Std.	Fach	Kl.

Sonstiges	Freitag 11. September 2020	Std.	Fach	Kl.

Samstag 12. September 2020	Sonntag 13. September 2020

Notizen:

September 2020

Mo	Di	Mi	Do	Fr	Sa	So
31	1	2	3	4	5	6
7	8	9	10	11	12	13
14	15	16	17	18	19	20
21	22	23	24	25	26	27
28	29	30	1	2	3	4

Wochenziele :

Std.	Fach	Kl.	Montag 14. September 2020	Sonstiges

Std.	Fach	Kl.	Dienstag 15. September 2020	Sonstiges

Std.	Fach	Kl.	Mittwoch 16. September 2020	Sonstiges

Pausenaufsicht   To do Liste

Mo. _______________   _______________________________
Di. _______________   _______________________________
Mi. _______________   _______________________________
Do. _______________   _______________________________
Fr. _______________   _______________________________

Sonstiges	Donnerstag 17. September 2020	Std.	Fach	Kl.

Sonstiges	Freitag 18. September 2020	Std.	Fach	Kl.

Samstag 19. September 2020	Sonntag 20. September 2020

Notizen:

____
____

September 2020

Mo	Di	Mi	Do	Fr	Sa	So
31	1	2	3	4	5	6
7	8	9	10	11	12	13
14	15	16	17	18	19	20
21	22	23	24	25	26	27
28	29	30	1	2	3	4

Wochenziele :

____

____

____

____

Std.	Fach	Kl.	Montag 21. September 2020	Sonstiges

Std.	Fach	Kl.	Dienstag 22. September 2020	Sonstiges

Std.	Fach	Kl.	Mittwoch 23. September 2020	Sonstiges

Pausenaufsicht   To do Liste

Mo. _______________   _________________________________
Di. _______________   _________________________________
Mi. _______________   _________________________________
Do. _______________   _________________________________
Fr. _______________   _________________________________

Sonstiges	Donnerstag 24. September 2020	Std.	Fach	Kl.

Sonstiges	Freitag 25. September 2020	Std.	Fach	Kl.

Samstag 26. September 2020	Sonntag 27. September 2020

Notizen:
____
____

September 2020

Mo	Di	Mi	Do	Fr	Sa	So
31	1	2	3	4	5	6
7	8	9	10	11	12	13
14	15	16	17	18	19	20
21	22	23	24	25	26	27
28	29	30	1	2	3	4

Wochenziele :

____

____

____

____

Std.	Fach	Kl.	Montag 28. September 2020	Sonstiges

Std.	Fach	Kl.	Dienstag 29. September 2020	Sonstiges

Std.	Fach	Kl.	Mittwoch 30. September 2020	Sonstiges

Pausenaufsicht   To do Liste

Mo.

Di.

Mi.

Do.

Fr.

Sonstiges	Donnerstag 1. Oktober 2020	Std.	Fach	Kl.

Sonstiges	Freitag 2. Oktober 2020	Std.	Fach	Kl.

Samstag 3. Oktober 2020	Sonntag 4. Oktober 2020

Notizen:

Oktober 2020

Mo	Di	Mi	Do	Fr	Sa	So
28	29	30	1	2	3	4
5	6	7	8	9	10	11
12	13	14	15	16	17	18
19	20	21	22	23	24	25
26	27	28	29	30	31	1

Wochenziele :

____

____

____

____

Std.	Fach	Kl.	Montag 5. Oktober 2020	Sonstiges

Std.	Fach	Kl.	Dienstag 6. Oktober 2020	Sonstiges

Std.	Fach	Kl.	Mittwoch 7. Oktober 2020	Sonstiges

Pausenaufsicht   To do Liste

Mo.
Di.
Mi.
Do.
Fr.

Sonstiges	Donnerstag 8. Oktober 2020	Std.	Fach	Kl.

Sonstiges	Freitag 9. Oktober 2020	Std.	Fach	Kl.

Samstag 10. Oktober 2020	Sonntag 11. Oktober 2020

Notizen:

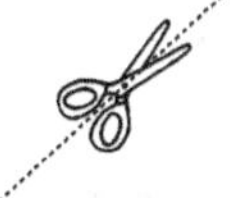

Oktober 2020

Mo	Di	Mi	Do	Fr	Sa	So
28	29	30	1	2	3	4
5	6	7	8	9	10	11
12	13	14	15	16	17	18
19	20	21	22	23	24	25
26	27	28	29	30	31	

Wochenziele :

____

____

____

____

Std.	Fach	Kl.	Montag 12. Oktober 2020	Sonstiges

Std.	Fach	Kl.	Dienstag 13. Oktober 2020	Sonstiges

Std.	Fach	Kl.	Mittwoch 14. Oktober 2020	Sonstiges

Pausenaufsicht   To do Liste

Mo. _______________   _______________________________
Di. _______________   _______________________________
Mi. _______________   _______________________________
Do. _______________   _______________________________
Fr. _______________   _______________________________

Sonstiges	Donnerstag 15. Oktober 2020	Std.	Fach	Kl.

Sonstiges	Freitag 16. Oktober 2020	Std.	Fach	Kl.

Samstag 17. Oktober 2020	Sonntag 18. Oktober 2020

Notizen:
____
____
____

Oktober 2020

Mo	Di	Mi	Do	Fr	Sa	So
28	29	30	1	2	3	4
5	6	7	8	9	10	11
12	13	14	15	16	17	18
19	20	21	22	23	24	25
26	27	28	29	30	31	1

Wochenziele :

____

____

____

____

Std.	Fach	Kl.	Montag 19. Oktober 2020	Sonstiges

Std.	Fach	Kl.	Dienstag 20. Oktober 2020	Sonstiges

Std.	Fach	Kl.	Mittwoch 21. Oktober 2020	Sonstiges

Pausenaufsicht   To do Liste

Mo.

Di.

Mi.

Do.

Fr.

Sonstiges	Donnerstag 22. Oktober 2020	Std.	Fach	Kl.

Sonstiges	Freitag 23. Oktober 2020	Std.	Fach	Kl.

Samstag 24. Oktober 2020	Sonntag 25. Oktober 2020

Notizen:

Oktober 2020

Mo	Di	Mi	Do	Fr	Sa	So
28	29	30	1	2	3	4
5	6	7	8	9	10	11
12	13	14	15	16	17	18
19	20	21	22	23	24	25
26	27	28	29	30	31	1

Wochenziele :

Std.	Fach	Kl.	Montag 26. Oktober 2020	Sonstiges

Std.	Fach	Kl.	Dienstag 27. Oktober 2020	Sonstiges

Std.	Fach	Kl.	Mittwoch 28. Oktober 2020	Sonstiges

Pausenaufsicht   To do Liste

Mo.
Di.
Mi.
Do.
Fr.

Sonstiges	Donnerstag 29. Oktober 2020	Std.	Fach	Kl.

Sonstiges	Freitag 30. Oktober 2020	Std.	Fach	Kl.

Samstag 31. Oktober 2020	Sonntag 1. November 2020

Notizen:

November 2020

Mo	Di	Mi	Do	Fr	Sa	So
26	27	28	29	30	31	1
2	3	4	5	6	7	8
9	10	11	12	13	14	15
16	17	18	19	20	21	22
23	24	25	26	27	28	29
30	1	2	3	4	5	6

Wochenziele :

____

____

____

____

Std.	Fach	Kl.	Montag 2. November 2020	Sonstiges

Std.	Fach	Kl.	Dienstag 3. November 2020	Sonstiges

Std.	Fach	Kl.	Mittwoch 4. November 2020	Sonstiges

To do Liste

Pausenaufsicht	To do Liste
Mo.	
Di.	
Mi.	
Do.	
Fr.	

Sonstiges	Donnerstag 5. November 2020	Std.	Fach	Kl.

Sonstiges	Freitag 6. November 2020	Std.	Fach	Kl.

Samstag 7. November 2020	Sonntag 8. November 2020

Notizen:

November 2020

Mo	Di	Mi	Do	Fr	Sa	So
26	27	28	29	30	31	1
2	3	4	5	6	7	8
9	10	11	12	13	14	15
16	17	18	19	20	21	22
23	24	25	26	27	28	29
30	1	2	3	4	5	6

Wochenziele :

Std.	Fach	Kl.	Montag 9. November 2020	Sonstiges

Std.	Fach	Kl.	Dienstag 10. November 2020	Sonstiges

Std.	Fach	Kl.	Mittwoch 11. November 2020	Sonstiges

Pausenaufsicht   To do Liste

Mo.
Di.
Mi.
Do.
Fr.

Sonstiges	Donnerstag 12. November 2020	Std.	Fach	Kl.

Sonstiges	Freitag 13. November 2020	Std.	Fach	Kl.

Samstag 14. November 2020	Sonntag 15. November 2020

Notizen:

November 2020

Mo	Di	Mi	Do	Fr	Sa	So
26	27	28	29	30	31	1
2	3	4	5	6	7	8
9	10	11	12	13	14	15
16	17	18	19	20	21	22
23	24	25	26	27	28	29
30	1	2	3	4	5	6

Wochenziele :

____

____

____

____

Std.	Fach	Kl.	Montag 16. November 2020	Sonstiges

Std.	Fach	Kl.	Dienstag 17. November 2020	Sonstiges

Std.	Fach	Kl.	Mittwoch 18. November 2020	Sonstiges

Pausenaufsicht   To do Liste

Mo.

Di.

Mi.

Do.

Fr.

Sonstiges	Donnerstag 19. November 2020	Std.	Fach	Kl.

Sonstiges	Freitag 20. November 2020	Std.	Fach	Kl.

Samstag 21. November 2020	Sonntag 22. November 2020

Notizen:

November 2020

Mo	Di	Mi	Do	Fr	Sa	So
26	27	28	29	30	31	1
2	3	4	5	6	7	8
9	10	11	12	13	14	15
16	17	18	19	20	21	22
23	24	25	26	27	28	29
30	1	2	3	4	5	6

Wochenziele :

Std.	Fach	Kl.	Montag 23. November 2020	Sonstiges

Std.	Fach	Kl.	Dienstag 24. November 2020	Sonstiges

Std.	Fach	Kl.	Mittwoch 25. November 2020	Sonstiges

Pausenaufsicht | To do Liste

Mo.

Di.

Mi.

Do.

Fr.

Sonstiges	Donnerstag 26. November 2020	Std.	Fach	Kl.

Sonstiges	Freitag 27. November 2020	Std.	Fach	Kl.

Samstag 28. November 2020	Sonntag 29. November 2020

Notizen:

Dezember 2020

Mo	Di	Mi	Do	Fr	Sa	So
30	1	2	3	4	5	6
7	8	9	10	11	12	13
14	15	16	17	18	19	20
21	22	23	24	25	26	27
28	29	30	31	1	2	3

Wochenziele :

____

____

____

____

Std.	Fach	Kl.	Montag 30. November 2020	Sonstiges

Std.	Fach	Kl.	Dienstag 1. Dezember 2020	Sonstiges

Std.	Fach	Kl.	Mittwoch 2. Dezember 2020	Sonstiges

Pausenaufsicht   To do Liste

Mo.
Di.
Mi.
Do.
Fr.

Sonstiges	Donnerstag 3. Dezember 2020	Std.	Fach	Kl.

Sonstiges	Freitag 4. Dezember 2020	Std.	Fach	Kl.

Samstag 5. Dezember 2020	Sonntag 6. Dezember 2020

Notizen:

Dezember 2020

Mo	Di	Mi	Do	Fr	Sa	So
30	1	2	3	4	5	6
7	8	9	10	11	12	13
14	15	16	17	18	19	20
21	22	23	24	25	26	27
28	29	30	31	1	2	3

Wochenziele :

____

____

____

____

Std.	Fach	Kl.	Montag 7. Dezember 2020	Sonstiges

Std.	Fach	Kl.	Dienstag 8. Dezember 2020	Sonstiges

Std.	Fach	Kl.	Mittwoch 9. Dezember 2020	Sonstiges

Pausenaufsicht	To do Liste
Mo.	
Di.	
Mi.	
Do.	
Fr.	

Sonstiges	Donnerstag 10. Dezember 2020	Std.	Fach	Kl.

Sonstiges	Freitag 11. Dezember 2020	Std.	Fach	Kl.

Samstag 12. Dezember 2020	Sonntag 13. Dezember 2020

Notizen:

Dezember 2020

Mo	Di	Mi	Do	Fr	Sa	So
30	1	2	3	4	5	6
7	8	9	10	11	12	13
14	15	16	17	18	19	20
21	22	23	24	25	26	27
28	29	30	31	1	2	3

Wochenziele :

____

____

____

____

Std.	Fach	Kl.	Montag 14. Dezember 2020	Sonstiges

Std.	Fach	Kl.	Dienstag 15. Dezember 2020	Sonstiges

Std.	Fach	Kl.	Mittwoch 16. Dezember 2020	Sonstiges

Pausenaufsicht To do Liste

Mo.

Di.

Mi.

Do.

Fr.

Sonstiges	Donnerstag 17. Dezember 2020	Std.	Fach	Kl.

Sonstiges	Freitag 18. Dezember 2020	Std.	Fach	Kl.

Samstag 19. Dezember 2020	Sonntag 20. Dezember 2020

Notizen:

Dezember 2020

Mo	Di	Mi	Do	Fr	Sa	So
30	1	2	3	4	5	6
7	8	9	10	11	12	13
14	15	16	17	18	19	20
21	22	23	24	25	26	27
28	29	30	31	1	2	3

Wochenziele :

____

____

____

____

Std.	Fach	Kl.	Montag 21. Dezember 2020	Sonstiges

Std.	Fach	Kl.	Dienstag 22. Dezember 2020	Sonstiges

Std.	Fach	Kl.	Mittwoch 23. Dezember 2020	Sonstiges

Pausenaufsicht | To do Liste

Mo. _______________

Di. _______________

Mi. _______________

Do. _______________

Fr. _______________

Sonstiges	Donnerstag 24. Dezember 2020	Std.	Fach	Kl.

Sonstiges	Freitag 25. Dezember 2020	Std.	Fach	Kl.

Samstag 26. Dezember 2020	Sonntag 27. Dezember 2020

Notizen:

Dezember 2020

Mo	Di	Mi	Do	Fr	Sa	So
30	1	2	3	4	5	6
7	8	9	10	11	12	13
14	15	16	17	18	19	20
21	22	23	24	25	26	27
28	29	30	31	1	2	3

Wochenziele :

____

____

____

____

Std.	Fach	Kl.	Montag 28. Dezember 2020	Sonstiges

Std.	Fach	Kl.	Dienstag 29. Dezember 2020	Sonstiges

Std.	Fach	Kl.	Mittwoch 30. Dezember 2020	Sonstiges

Mo.

Di.

Mi.

Do.

Fr.

Sonstiges	Donnerstag 31. Dezember 2020	Std.	Fach	Kl.

Sonstiges	Freitag 1. Januar 2021	Std.	Fach	Kl.

Samstag 2. Januar 2021	Sonntag 3. Januar 2021

Notizen:

Januar 2021

Mo	Di	Mi	Do	Fr	Sa	So
28	29	30	31	1	2	3
4	5	6	7	8	9	10
11	12	13	14	15	16	17
18	19	20	21	22	23	24
25	26	27	28	29	30	31

Wochenziele :

Std.	Fach	Kl.	Montag 4. Januar 2021	Sonstiges

Std.	Fach	Kl.	Dienstag 5. Januar 2021	Sonstiges

Std.	Fach	Kl.	Mittwoch 6. Januar 2021	Sonstiges

Pausenaufsicht   To do Liste

Mo.
Di.
Mi.
Do.
Fr.

Sonstiges	Donnerstag 7. Januar 2021	Std.	Fach	Kl.

Sonstiges	Freitag 8. Januar 2021	Std.	Fach	Kl.

Samstag 9. Januar 2021	Sonntag 10. Januar 2021

Notizen:

Januar 2021

Mo	Di	Mi	Do	Fr	Sa	So
28	29	30	31	1	2	3
4	5	6	7	8	9	10
11	12	13	14	15	16	17
18	19	20	21	22	23	24
25	26	27	28	29	30	31

Wochenziele :

Std.	Fach	Kl.	Montag 11. Januar 2021	Sonstiges

Std.	Fach	Kl.	Dienstag 12. Januar 2021	Sonstiges

Std.	Fach	Kl.	Mittwoch 13. Januar 2021	Sonstiges

Pausenaufsicht   To do Liste

Mo.
Di.
Mi.
Do.
Fr.

Sonstiges	Donnerstag 14. Januar 2021	Std.	Fach	Kl.

Sonstiges	Freitag 15. Januar 2021	Std.	Fach	Kl.

Samstag 16. Januar 2021	Sonntag 17. Januar 2021

Notizen:

Januar 2021

Mo	Di	Mi	Do	Fr	Sa	So
28	29	30	31	1	2	3
4	5	6	7	8	9	10
11	12	13	14	15	16	17
18	19	20	21	22	23	24
25	26	27	28	29	30	31

Wochenziele :

Std.	Fach	Kl.	Montag 18. Januar 2021	Sonstiges

Std.	Fach	Kl.	Dienstag 19. Januar 2021	Sonstiges

Std.	Fach	Kl.	Mittwoch 20. Januar 2021	Sonstiges

Pausenaufsicht To do Liste

Mo. ___________________ ___________________________________
Di. ___________________ ___________________________________
Mi. ___________________ ___________________________________
Do. ___________________ ___________________________________
Fr. ___________________ ___________________________________

Sonstiges	Donnerstag 21. Januar 2021	Std.	Fach	Kl.

Sonstiges	Freitag 22. Januar 2021	Std.	Fach	Kl.

Samstag 23. Januar 2021	Sonntag 24. Januar 2021

Notizen:
____
____

Januar 2021

Mo	Di	Mi	Do	Fr	Sa	So
28	29	30	31	1	2	3
4	5	6	7	8	9	10
11	12	13	14	15	16	17
18	19	20	21	22	23	24
25	26	27	28	29	30	31

Wochenziele :

____

____

____

____

Std.	Fach	Kl.	Montag 25. Januar 2021	Sonstiges

Std.	Fach	Kl.	Dienstag 26. Januar 2021	Sonstiges

Std.	Fach	Kl.	Mittwoch 27. Januar 2021	Sonstiges

Pausenaufsicht | To do Liste

Mo.
Di.
Mi.
Do.
Fr.

Sonstiges	Donnerstag 28. Januar 2021	Std.	Fach	Kl.

Sonstiges	Freitag 29. Januar 2021	Std.	Fach	Kl.

Samstag 30. Januar 2021	Sonntag 31. Januar 2021

Notizen:

Februar 2021

Mo	Di	Mi	Do	Fr	Sa	So
1	2	3	4	5	6	7
8	9	10	11	12	13	14
15	16	17	18	19	20	21
22	23	24	25	26	27	28

Wochenziele :

____

____

____

____

Std.	Fach	Kl.	Montag 1. Februar 2021	Sonstiges

Std.	Fach	Kl.	Dienstag 2. Februar 2021	Sonstiges

Std.	Fach	Kl.	Mittwoch 3. Februar 2021	Sonstiges

Pausenaufsicht | To do Liste

Mo.
Di.
Mi.
Do.
Fr.

Sonstiges	Donnerstag 4. Februar 2021	Std.	Fach	Kl.

Sonstiges	Freitag 5. Februar 2021	Std.	Fach	Kl.

Samstag 6. Februar 2021	Sonntag 7. Februar 2021

Notizen:

Februar 2021

Mo	Di	Mi	Do	Fr	Sa	So
1	2	3	4	5	6	7
8	9	10	11	12	13	14
15	16	17	18	19	20	21
22	23	24	25	26	27	28

Wochenziele :

____

____

____

____

Std.	Fach	Kl.	Montag 1. Februar 2021	Sonstiges

Std.	Fach	Kl.	Dienstag 2. Februar 2021	Sonstiges

Std.	Fach	Kl.	Mittwoch 3. Februar 2021	Sonstiges

Pausenaufsicht   To do Liste 

Mo.

Di.

Mi.

Do.

Fr.

Sonstiges	Donnerstag 4. Februar 2021	Std.	Fach	Kl.

Sonstiges	Freitag 5. Februar 2021	Std.	Fach	Kl.

Samstag 6. Februar 2021	Sonntag 7. Februar 2021

Notizen:

Februar 2021

Mo	Di	Mi	Do	Fr	Sa	So
1	2	3	4	5	6	7
8	9	10	11	12	13	14
15	16	17	18	19	20	21
22	23	24	25	26	27	28

Wochenziele :

____

____

____

____

Std.	Fach	Kl.	Montag 8. Februar 2021	Sonstiges

Std.	Fach	Kl.	Dienstag 9. Februar 2021	Sonstiges

Std.	Fach	Kl.	Mittwoch 10. Februar 2021	Sonstiges

Pausenaufsicht | To do Liste

Mo. ______________________
Di. ______________________
Mi. ______________________
Do. ______________________
Fr. ______________________

Sonstiges	Donnerstag 11. Februar 2021	Std.	Fach	Kl.

Sonstiges	Freitag 12. Februar 2021	Std.	Fach	Kl.

Samstag 13. Februar 2021	Sonntag 14. Februar 2021

Notizen:

Februar 2021

Mo	Di	Mi	Do	Fr	Sa	So
1	2	3	4	5	6	7
8	9	10	11	12	13	14
15	16	17	18	19	20	21
22	23	24	25	26	27	28

Wochenziele :

Std.	Fach	Kl.	Montag 15. Februar 2021	Sonstiges

Std.	Fach	Kl.	Dienstag 16. Februar 2021	Sonstiges

Std.	Fach	Kl.	Mittwoch 17. Februar 2021	Sonstiges

Pausenaufsicht   To do Liste

Mo.
Di.
Mi.
Do.
Fr.

Sonstiges	Donnerstag 18. Februar 2021	Std.	Fach	Kl.

Sonstiges	Freitag 19. Februar 2021	Std.	Fach	Kl.

Samstag 20. Februar 2021	Sonntag 21. Februar 2021

Notizen:

Februar 2021

Mo	Di	Mi	Do	Fr	Sa	So
1	2	3	4	5	6	7
8	9	10	11	12	13	14
15	16	17	18	19	20	21
22	23	24	25	26	27	28

Wochenziele :

____

____

____

____

Std.	Fach	Kl.	Montag 22. Februar 2021	Sonstiges

Std.	Fach	Kl.	Dienstag 23. Februar 2021	Sonstiges

Std.	Fach	Kl.	Mittwoch 24. Februar 2021	Sonstiges

Pausenaufsicht   To do Liste

Mo.
Di.
Mi.
Do.
Fr.

Sonstiges	Donnerstag 25. Februar 2021	Std.	Fach	Kl.

Sonstiges	Freitag 26. Februar 2021	Std.	Fach	Kl.

Samstag 27. Februar 2021	Sonntag 28. Februar 2021

Notizen:

März 2021

Mo	Di	Mi	Do	Fr	Sa	So
1	2	3	4	5	6	7
8	9	10	11	12	13	14
15	16	17	18	19	20	21
22	23	24	25	26	27	28
29	30	31	1	2	3	4

Wochenziele :

____

____

____

____

Std.	Fach	Kl.	Montag 1. März 2021	Sonstiges

Std.	Fach	Kl.	Dienstag 2. März 2021	Sonstiges

Std.	Fach	Kl.	Mittwoch 3. März 2021	Sonstiges

Pausenaufsicht   To do Liste

Mo.

Di.

Mi.

Do.

Fr.

Sonstiges	Donnerstag 4. März 2021	Std.	Fach	Kl.

Sonstiges	Freitag 5. März 2021	Std.	Fach	Kl.

Samstag 6. März 2021	Sonntag 7. März 2021

Notizen:

März 2021

Mo	Di	Mi	Do	Fr	Sa	So
1	2	3	4	5	6	7
8	9	10	11	12	13	14
15	16	17	18	19	20	21
22	23	24	25	26	27	28
29	30	31	1	2	3	4

Wochenziele :

Std.	Fach	Kl.	Montag 8. März 2021	Sonstiges

Std.	Fach	Kl.	Dienstag 9. März 2021	Sonstiges

Std.	Fach	Kl.	Mittwoch 10. März 2021	Sonstiges

Pausenaufsicht   To do Liste

Mo.
Di.
Mi.
Do.
Fr.

Sonstiges	Donnerstag 11. März 2021	Std.	Fach	Kl.

Sonstiges	Freitag 12. März 2021	Std.	Fach	Kl.

Samstag 13. März 2021	Sonntag 14. März 2021

Notizen:

März 2021

Mo	Di	Mi	Do	Fr	Sa	So
1	2	3	4	5	6	7
8	9	10	11	12	13	14
15	16	17	18	19	20	21
22	23	24	25	26	27	28
29	30	31	1	2	3	4

Wochenziele :

____

____

____

____

Std.	Fach	Kl.	Montag 15. März 2021	Sonstiges

Std.	Fach	Kl.	Dienstag 16. März 2021	Sonstiges

Std.	Fach	Kl.	Mittwoch 17. März 2021	Sonstiges

Pausenaufsicht   To do Liste

Mo.
Di.
Mi.
Do.
Fr.

Sonstiges	Donnerstag 18. März 2021	Std.	Fach	Kl.

Sonstiges	Freitag 19. März 2021	Std.	Fach	Kl.

Samstag 20. März 2021	Sonntag 21. März 2021

Notizen:

März 2021

Mo	Di	Mi	Do	Fr	Sa	So
1	2	3	4	5	6	7
8	9	10	11	12	13	14
15	16	17	18	19	20	21
22	23	24	25	26	27	28
29	30	31	1	2	3	4

Wochenziele :

____

____

____

____

Std.	Fach	Kl.	Montag 22. März 2021	Sonstiges

Std.	Fach	Kl.	Dienstag 23. März 2021	Sonstiges

Std.	Fach	Kl.	Mittwoch 24. März 2021	Sonstiges

Pausenaufsicht   To do Liste

Mo. ______________

Di. ______________

Mi. ______________

Do. ______________

Fr. ______________

Sonstiges	Donnerstag 25. März 2021	Std.	Fach	Kl.

Sonstiges	Freitag 26. März 2021	Std.	Fach	Kl.

Samstag 27. März 2021	Sonntag 28. März 2021

Notizen:

März 2021

Mo	Di	Mi	Do	Fr	Sa	So
1	2	3	4	5	6	7
8	9	10	11	12	13	14
15	16	17	18	19	20	21
22	23	24	25	26	27	28
29	30	31	1	2	3	4

Wochenziele :

Std.	Fach	Kl.	Montag 29. März 2021	Sonstiges

Std.	Fach	Kl.	Dienstag 30. März 2021	Sonstiges

Std.	Fach	Kl.	Mittwoch 31. März 2021	Sonstiges

Pausenaufsicht

Mo.

Di.

Mi.

Do.

Fr.

To do Liste

Sonstiges	Donnerstag 1. April 2021	Std.	Fach	Kl.

Sonstiges	Freitag 2. April 2021	Std.	Fach	Kl.

Samstag 3. April 2021	Sonntag 4. April 2021

Notizen:

April 2021

Mo	Di	Mi	Do	Fr	Sa	So
29	30	31	1	2	3	4
5	6	7	8	9	10	11
12	13	14	15	16	17	18
19	20	21	22	23	24	25
26	27	28	29	30	1	2

Wochenziele :

____

____

____

____

Std.	Fach	Kl.	Montag 5. April 2021	Sonstiges

Std.	Fach	Kl.	Dienstag 6. April 2021	Sonstiges

Std.	Fach	Kl.	Mittwoch 7. April 2021	Sonstiges

Pausenaufsicht   To do Liste

Mo. _______________   _______________________________________
Di. _______________   _______________________________________
Mi. _______________   _______________________________________
Do. _______________   _______________________________________
Fr. _______________   _______________________________________

Sonstiges	Donnerstag 8. April 2021	Std.	Fach	Kl.

Sonstiges	Freitag 9. April 2021	Std.	Fach	Kl.

Samstag 10. April 2021	Sonntag 11. April 2021

Notizen:
____
____

April 2021

Mo	Di	Mi	Do	Fr	Sa	So
29	30	31	1	2	3	4
5	6	7	8	9	10	11
12	13	14	15	16	17	18
19	20	21	22	23	24	25
26	27	28	29	30	1	2

Wochenziele :

Std.	Fach	Kl.	Montag 12. April 2021	Sonstiges

Std.	Fach	Kl.	Dienstag 13. April 2021	Sonstiges

Std.	Fach	Kl.	Mittwoch 14. April 2021	Sonstiges

Pausenaufsicht

To do Liste

Mo.

Di.

Mi.

Do.

Fr.

Sonstiges	Donnerstag 15. April 2021	Std.	Fach	Kl.

Sonstiges	Freitag 16. April 2021	Std.	Fach	Kl.

Samstag 17. April 2021	Sonntag 18. April 2021

Notizen:

April 2021

Mo	Di	Mi	Do	Fr	Sa	So
29	30	31	1	2	3	4
5	6	7	8	9	10	11
12	13	14	15	16	17	18
19	20	21	22	23	24	25
26	27	28	29	30	1	2

Wochenziele :

____

____

____

____

Std.	Fach	Kl.	Montag 19. April 2021	Sonstiges

Std.	Fach	Kl.	Dienstag 20. April 2021	Sonstiges

Std.	Fach	Kl.	Mittwoch 21. April 2021	Sonstiges

Pausenaufsicht

Mo.

Di.

Mi.

Do.

Fr.

To do Liste

Sonstiges	Donnerstag 22. April 2021	Std.	Fach	Kl.

Sonstiges	Freitag 23. April 2021	Std.	Fach	Kl.

Samstag 24. April 2021	Sonntag 25. April 2021

Notizen:

April 2021

Mo	Di	Mi	Do	Fr	Sa	So
29	30	31	1	2	3	4
5	6	7	8	9	10	11
12	13	14	15	16	17	18
19	20	21	22	23	24	25
26	27	28	29	30	1	2

Wochenziele :

____

____

____

____

Std.	Fach	Kl.	Montag 26. April 2021	Sonstiges

Std.	Fach	Kl.	Dienstag 27. April 2021	Sonstiges

Std.	Fach	Kl.	Mittwoch 28. April 2021	Sonstiges

Pausenaufsicht   To do Liste

Mo.

Di.

Mi.

Do.

Fr.

Sonstiges	Donnerstag 29. April 2021	Std.	Fach	Kl.

Sonstiges	Freitag 30. April 2021	Std.	Fach	Kl.

Samstag 1. Mai 2021	Sonntag 2. Mai 2021

Notizen:

Mai 2021

Mo	Di	Mi	Do	Fr	Sa	So
26	27	28	29	30	1	2
3	4	5	6	7	8	9
10	11	12	13	14	15	16
17	18	19	20	21	22	23
24	25	26	27	28	29	30
31	1	2	3	4	5	6

Wochenziele :

____

____

____

____

Std.	Fach	Kl.	Montag 3. Mai 2021	Sonstiges

Std.	Fach	Kl.	Dienstag 4. Mai 2021	Sonstiges

Std.	Fach	Kl.	Mittwoch 5. Mai 2021	Sonstiges

Pausenaufsicht

To do Liste

Mo.

Di.

Mi.

Do.

Fr.

Sonstiges	Donnerstag 6. Mai 2021	Std.	Fach	Kl.

Sonstiges	Freitag 7. Mai 2021	Std.	Fach	Kl.

Samstag 8. Mai 2021	Sonntag 9. Mai 2021

Notizen:

Mai 2021

Mo	Di	Mi	Do	Fr	Sa	So
26	27	28	29	30	1	2
3	4	5	6	7	8	9
10	11	12	13	14	15	16
17	18	19	20	21	22	23
24	25	26	27	28	29	30
31	1	2	3	4	5	6

Wochenziele :

____

____

____

____

Std.	Fach	Kl.	Montag 10. Mai 2021	Sonstiges

Std.	Fach	Kl.	Dienstag 11. Mai 2021	Sonstiges

Std.	Fach	Kl.	Mittwoch 12. Mai 2021	Sonstiges

Pausenaufsicht To do Liste

Mo.
Di.
Mi.
Do.
Fr.

Sonstiges	Donnerstag 13. Mai 2021	Std.	Fach	Kl.

Sonstiges	Freitag 14. Mai 2021	Std.	Fach	Kl.

Samstag 15. Mai 2021	Sonntag 16. Mai 2021

Notizen:

Mai 2021

Mo	Di	Mi	Do	Fr	Sa	So
26	27	28	29	30	1	2
3	4	5	6	7	8	9
10	11	12	13	14	15	16
17	18	19	20	21	22	23
24	25	26	27	28	29	30
31	1	2	3	4	5	6

Wochenziele :

Std.	Fach	Kl.	Montag 17. Mai 2021	Sonstiges

Std.	Fach	Kl.	Dienstag 18. Mai 2021	Sonstiges

Std.	Fach	Kl.	Mittwoch 19. Mai 2021	Sonstiges

Pausenaufsicht   To do Liste

Mo.

Di.

Mi.

Do.

Fr.

Sonstiges	Donnerstag 20. Mai 2021	Std.	Fach	Kl.

Sonstiges	Freitag 21. Mai 2021	Std.	Fach	Kl.

Samstag 22. Mai 2021	Sonntag 23. Mai 2021

Notizen:

Mai 2021

Mo	Di	Mi	Do	Fr	Sa	So
26	27	28	29	30	1	2
3	4	5	6	7	8	9
10	11	12	13	14	15	16
17	18	19	20	21	22	23
24	25	26	27	28	29	30
31	1	2	3	4	5	6

Wochenziele :

____

____

____

____

Std.	Fach	Kl.	Montag 24. Mai 2021	Sonstiges

Std.	Fach	Kl.	Dienstag 25. Mai 2021	Sonstiges

Std.	Fach	Kl.	Mittwoch 26. Mai 2021	Sonstiges

Sonstiges	Donnerstag 27. Mai 2021	Std.	Fach	Kl.

Sonstiges	Freitag 28. Mai 2021	Std.	Fach	Kl.

Samstag 29. Mai 2021	Sonntag 30. Mai 2021

Notizen:

Juni 2021

Mo	Di	Mi	Do	Fr	Sa	So
31	1	2	3	4	5	6
7	8	9	10	11	12	13
14	15	16	17	18	19	20
21	22	23	24	25	26	27
28	29	30	1	2	3	4

Wochenziele :

____

____

____

____

Std.	Fach	Kl.	Montag 31. Mai 2021	Sonstiges

Std.	Fach	Kl.	Dienstag 1. Juni 2021	Sonstiges

Std.	Fach	Kl.	Mittwoch 2. Juni 2021	Sonstiges

Pausenaufsicht   To do Liste

Mo.

Di.

Mi.

Do.

Fr.

Sonstiges	Donnerstag 3. Juni 2021	Std.	Fach	Kl.

Sonstiges	Freitag 4. Juni 2021	Std.	Fach	Kl.

Samstag 5. Juni 2021	Sonntag 6. Juni 2021

Notizen:

Juni 2021

Mo	Di	Mi	Do	Fr	Sa	So
31	1	2	3	4	5	6
7	8	9	10	11	12	13
14	15	16	17	18	19	20
21	22	23	24	25	26	27
28	29	30	1	2	3	4

Wochenziele :

____

____

____

____

Std.	Fach	Kl.	Montag 7. Juni 2021	Sonstiges

Std.	Fach	Kl.	Dienstag 8. Juni 2021	Sonstiges

Std.	Fach	Kl.	Mittwoch 9. Juni 2021	Sonstiges

Pausenaufsicht

To do Liste

Mo. _______________

Di. _______________

Mi. _______________

Do. _______________

Fr. _______________

Sonstiges	Donnerstag 10. Juni 2021	Std.	Fach	Kl.

Sonstiges	Freitag 11. Juni 2021	Std.	Fach	Kl.

Samstag 12. Juni 2021	Sonntag 13. Juni 2021

Notizen:

Juni 2021

Mo	Di	Mi	Do	Fr	Sa	So
31	1	2	3	4	5	6
7	8	9	10	11	12	13
14	15	16	17	18	19	20
21	22	23	24	25	26	27
28	29	30	1	2	3	4

Wochenziele :

____

____

____

____

Std.	Fach	Kl.	Montag 14. Juni 2021	Sonstiges

Std.	Fach	Kl.	Dienstag 15. Juni 2021	Sonstiges

Std.	Fach	Kl.	Mittwoch 16. Juni 2021	Sonstiges

Pausenaufsicht   To do Liste

Mo. ___________________________
Di. ___________________________
Mi. ___________________________
Do. ___________________________
Fr. ___________________________

Sonstiges	Donnerstag 17. Juni 2021	Std.	Fach	Kl.

Sonstiges	Freitag 18. Juni 2021	Std.	Fach	Kl.

Samstag 19. Juni 2021	Sonntag 20. Juni 2021

Notizen:
____
____

Juni 2021

Mo	Di	Mi	Do	Fr	Sa	So
31	1	2	3	4	5	6
7	8	9	10	11	12	13
14	15	16	17	18	19	20
21	22	23	24	25	26	27
28	29	30	1	2	3	4

Wochenziele :

____

____

____

____

Std.	Fach	Kl.	Montag 21. Juni 2021	Sonstiges

Std.	Fach	Kl.	Dienstag 22. Juni 2021	Sonstiges

Std.	Fach	Kl.	Mittwoch 23. Juni 2021	Sonstiges

Pausenaufsicht   To do Liste

Mo.
Di.
Mi.
Do.
Fr.

Sonstiges	Donnerstag 24. Juni 2021	Std.	Fach	Kl.

Sonstiges	Freitag 25. Juni 2021	Std.	Fach	Kl.

Samstag 26. Juni 2021	Sonntag 27. Juni 2021

Notizen:

Juni 2021

Mo	Di	Mi	Do	Fr	Sa	So
31	1	2	3	4	5	6
7	8	9	10	11	12	13
14	15	16	17	18	19	20
21	22	23	24	25	26	27
28	29	30	1	2	3	4

Wochenziele :

____

____

____

____

Std.	Fach	Kl.	Montag 28. Juni 2021	Sonstiges

Std.	Fach	Kl.	Dienstag 29. Juni 2021	Sonstiges

Std.	Fach	Kl.	Mittwoch 30. Juni 2021	Sonstiges

Pausenaufsicht   To do Liste

Mo. ___________   ________________________
Di. ___________   ________________________
Mi. ___________   ________________________
Do. ___________   ________________________
Fr. ___________   ________________________

Sonstiges	Donnerstag 1. Juli 2021	Std.	Fach	Kl.

Sonstiges	Freitag 2. Juli 2021	Std.	Fach	Kl.

Samstag 3. Juli 2021	Sonntag 4. Juli 2021

Notizen:
____
____
____

Juli 2021

Mo	Di	Mi	Do	Fr	Sa	So
28	29	30	1	2	3	4
5	6	7	8	9	10	11
12	13	14	15	16	17	18
19	20	21	22	23	24	25
26	27	28	29	30	31	1

Wochenziele :

Std.	Fach	Kl.	Montag 5. Juli 2021	Sonstiges

Std.	Fach	Kl.	Dienstag 6. Juli 2021	Sonstiges

Std.	Fach	Kl.	Mittwoch 7. Juli 2021	Sonstiges

Pausenaufsicht   To do Liste

Mo.

Di.

Mi.

Do.

Fr.

Sonstiges	Donnerstag 8. Juli 2021	Std.	Fach	Kl.

Sonstiges	Freitag 9. Juli 2021	Std.	Fach	Kl.

Samstag 10. Juli 2021	Sonntag 11. Juli 2021

Notizen:

Juli 2021

Mo	Di	Mi	Do	Fr	Sa	So
28	29	30	1	2	3	4
5	6	7	8	9	10	11
12	13	14	15	16	17	18
19	20	21	22	23	24	25
26	27	28	29	30	31	1

Wochenziele :

____

____

____

____

Std.	Fach	Kl.	Montag 12. Juli 2021	Sonstiges

Std.	Fach	Kl.	Dienstag 13. Juli 2021	Sonstiges

Std.	Fach	Kl.	Mittwoch 14. Juli 2021	Sonstiges

Sonstiges	Donnerstag 15. Juli 2021	Std.	Fach	Kl.

Sonstiges	Freitag 16. Juli 2021	Std.	Fach	Kl.

Samstag 17. Juli 2021	Sonntag 18. Juli 2021

Notizen:

Juli 2021

Mo	Di	Mi	Do	Fr	Sa	So
28	29	30	1	2	3	4
5	6	7	8	9	10	11
12	13	14	15	16	17	18
19	20	21	22	23	24	25
26	27	28	29	30	31	1

Wochenziele :

Std.	Fach	Kl.	Montag 19. Juli 2021	Sonstiges

Std.	Fach	Kl.	Dienstag 20. Juli 2021	Sonstiges

Std.	Fach	Kl.	Mittwoch 21. Juli 2021	Sonstiges

Pausenaufsicht   To do Liste

Mo.
Di.
Mi.
Do.
Fr.

Sonstiges	Donnerstag 22. Juli 2021	Std.	Fach	Kl.

Sonstiges	Freitag 23. Juli 2021	Std.	Fach	Kl.

Samstag 24. Juli 2021	Sonntag 25. Juli 2021

Notizen:

Juli 2021

Mo	Di	Mi	Do	Fr	Sa	So
28	29	30	1	2	3	4
5	6	7	8	9	10	11
12	13	14	15	16	17	18
19	20	21	22	23	24	25
26	27	28	29	30	31	1

Wochenziele :

Std.	Fach	Kl.	Montag 26. Juli 2021	Sonstiges

Std.	Fach	Kl.	Dienstag 27. Juli 2021	Sonstiges

Std.	Fach	Kl.	Mittwoch 28. Juli 2021	Sonstiges

Pausenaufsicht   To do Liste

Mo.
Di.
Mi.
Do.
Fr.

Sonstiges	Donnerstag 29. Juli 2021	Std.	Fach	Kl.

Sonstiges	Freitag 30. Juli 2021	Std.	Fach	Kl.

Samstag 31. Juli 2021	Sonntag 1. August 2021

Notizen:

Klassenliste:

	Name:	Geb.Datum:	Telefon:	Sonstiges:
1				
2				
3				
4				
5				
6				
7				
8				
9				
10				
11				
12				
13				
14				
15				
16				
17				
18				
19				
20				
21				
22				
23				
24				
25				
26				
27				
28				
29				
30				
31				

Notizen

Sitzplan

Lehrerpult

Notenliste Klasse:

	Name:																								
1																									
2																									
3																									
4																									
5																									
6																									
7																									
8																									
9																									
10																									
11																									
12																									
13																									
14																									
15																									
16																									
17																									
18																									
19																									
20																									
21																									
22																									
23																									
24																									
25																									
26																									
27																									
28																									
29																									
30																									
31																									

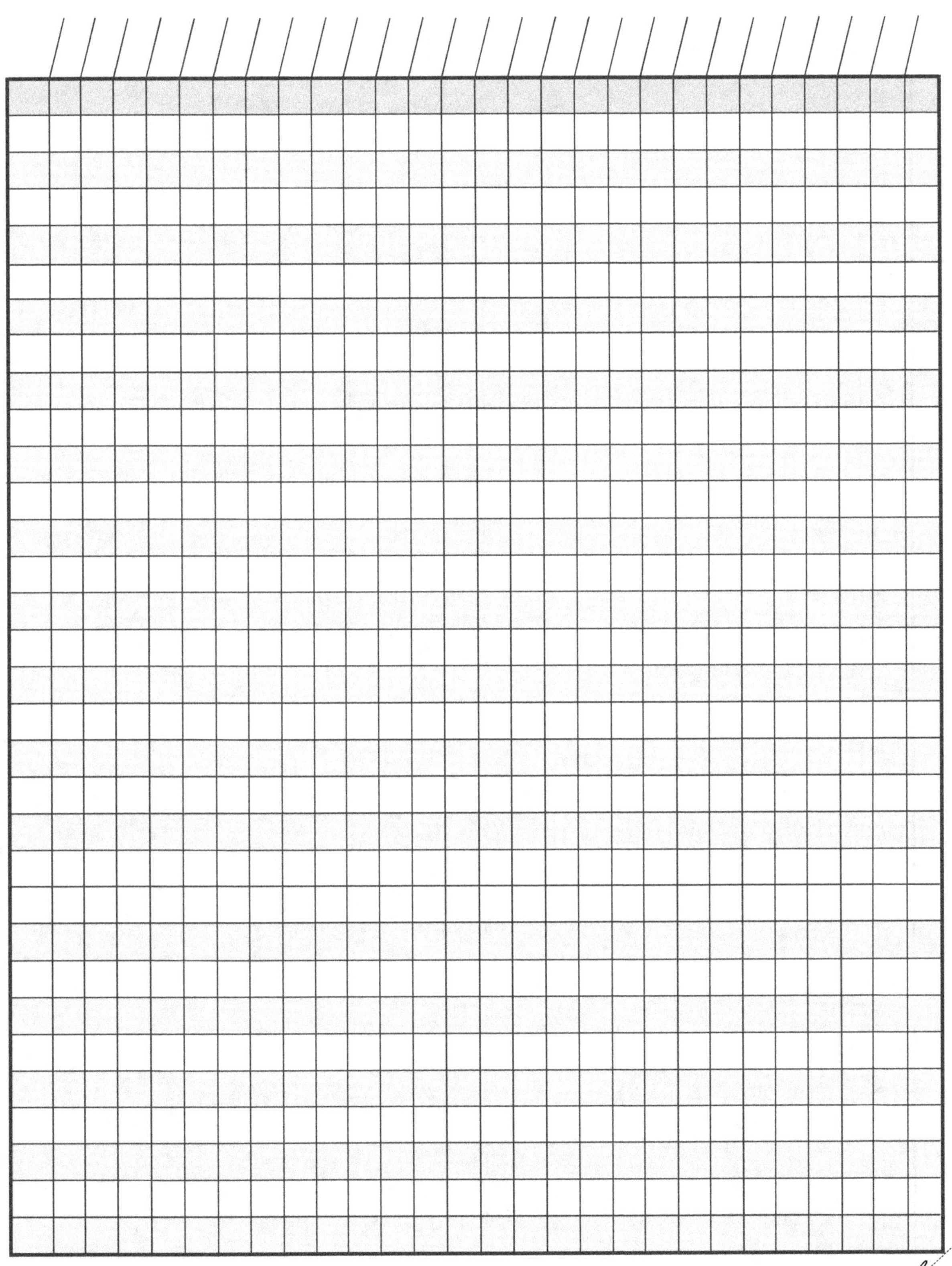

Klassenliste:

	Name:	Geb.Datum:	Telefon:	Sonstiges:
1				
2				
3				
4				
5				
6				
7				
8				
9				
10				
11				
12				
13				
14				
15				
16				
17				
18				
19				
20				
21				
22				
23				
24				
25				
26				
27				
28				
29				
30				
31				

Notizen

Sitzplan

Lehrerpult							

Notenliste Klasse:

Name:																		
1																		
2																		
3																		
4																		
5																		
6																		
7																		
8																		
9																		
10																		
11																		
12																		
13																		
14																		
15																		
16																		
17																		
18																		
19																		
20																		
21																		
22																		
23																		
24																		
25																		
26																		
27																		
28																		
29																		
30																		
31																		

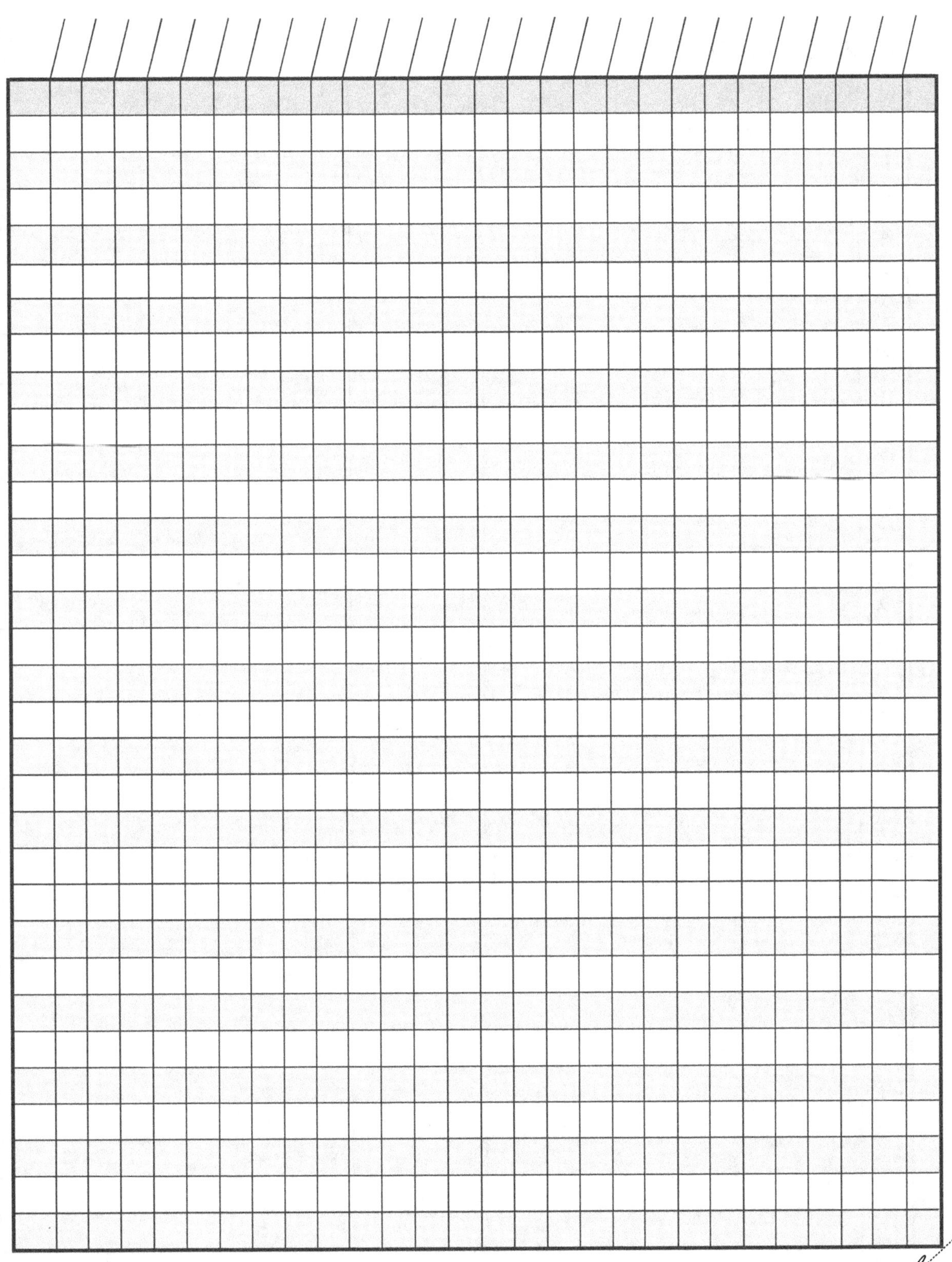

Klassenliste:

	Name:	Geb.Datum:	Telefon:	Sonstiges:
1				
2				
3				
4				
5				
6				
7				
8				
9				
10				
11				
12				
13				
14				
15				
16				
17				
18				
19				
20				
21				
22				
23				
24				
25				
26				
27				
28				
29				
30				
31				

Notizen

Sitzplan

Lehrerpult							

Notenliste Klasse:

	Name:																		
1																			
2																			
3																			
4																			
5																			
6																			
7																			
8																			
9																			
10																			
11																			
12																			
13																			
14																			
15																			
16																			
17																			
18																			
19																			
20																			
21																			
22																			
23																			
24																			
25																			
26																			
27																			
28																			
29																			
30																			
31																			

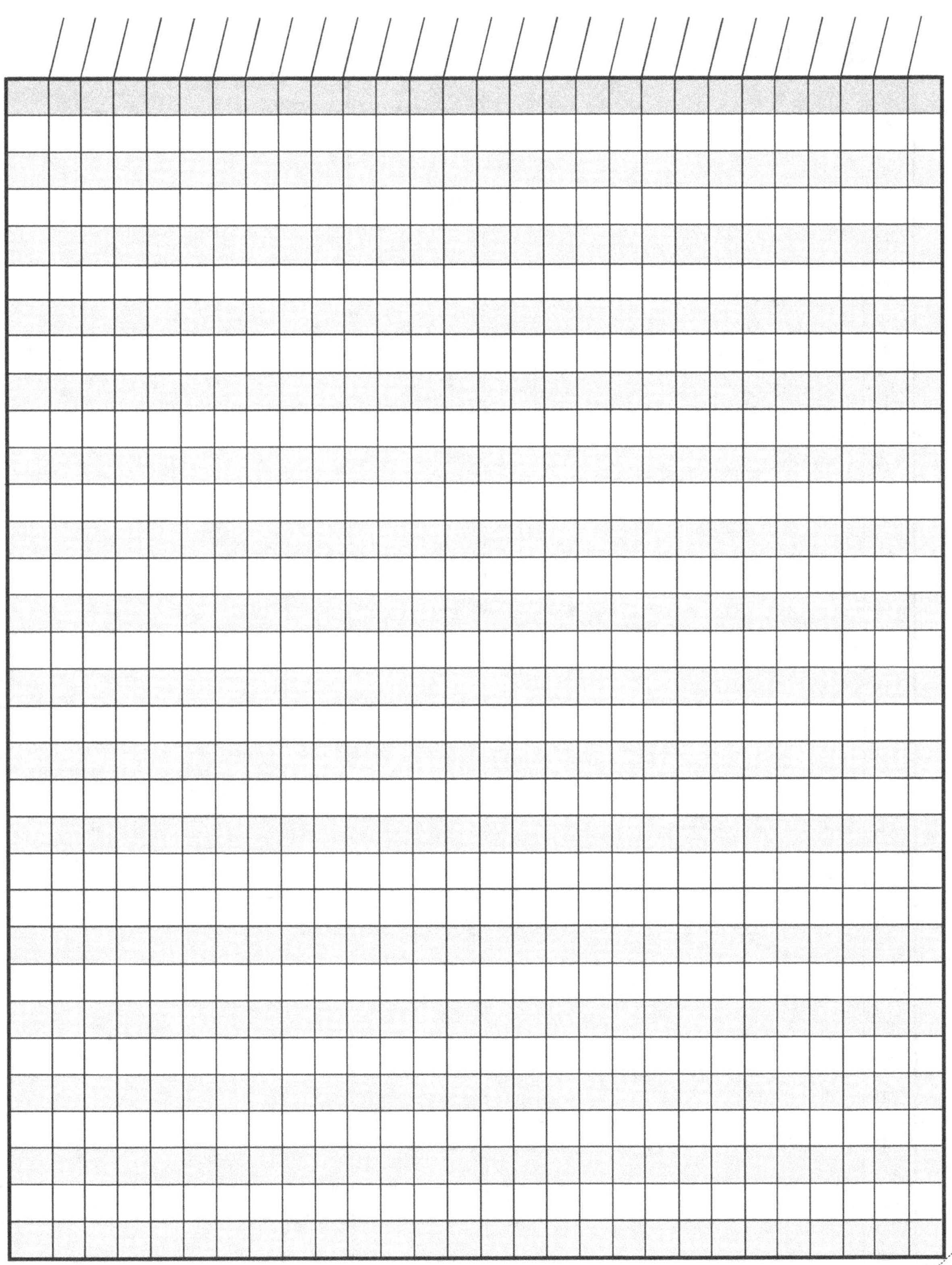

Klassenliste:

	Name:	Geb.Datum:	Telefon:	Sonstiges:
1				
2				
3				
4				
5				
6				
7				
8				
9				
10				
11				
12				
13				
14				
15				
16				
17				
18				
19				
20				
21				
22				
23				
24				
25				
26				
27				
28				
29				
30				
31				

Notizen

Sitzplan

Lehrerpult							

Notenliste Klasse:

	Name:																			
1																				
2																				
3																				
4																				
5																				
6																				
7																				
8																				
9																				
10																				
11																				
12																				
13																				
14																				
15																				
16																				
17																				
18																				
19																				
20																				
21																				
22																				
23																				
24																				
25																				
26																				
27																				
28																				
29																				
30																				
31																				

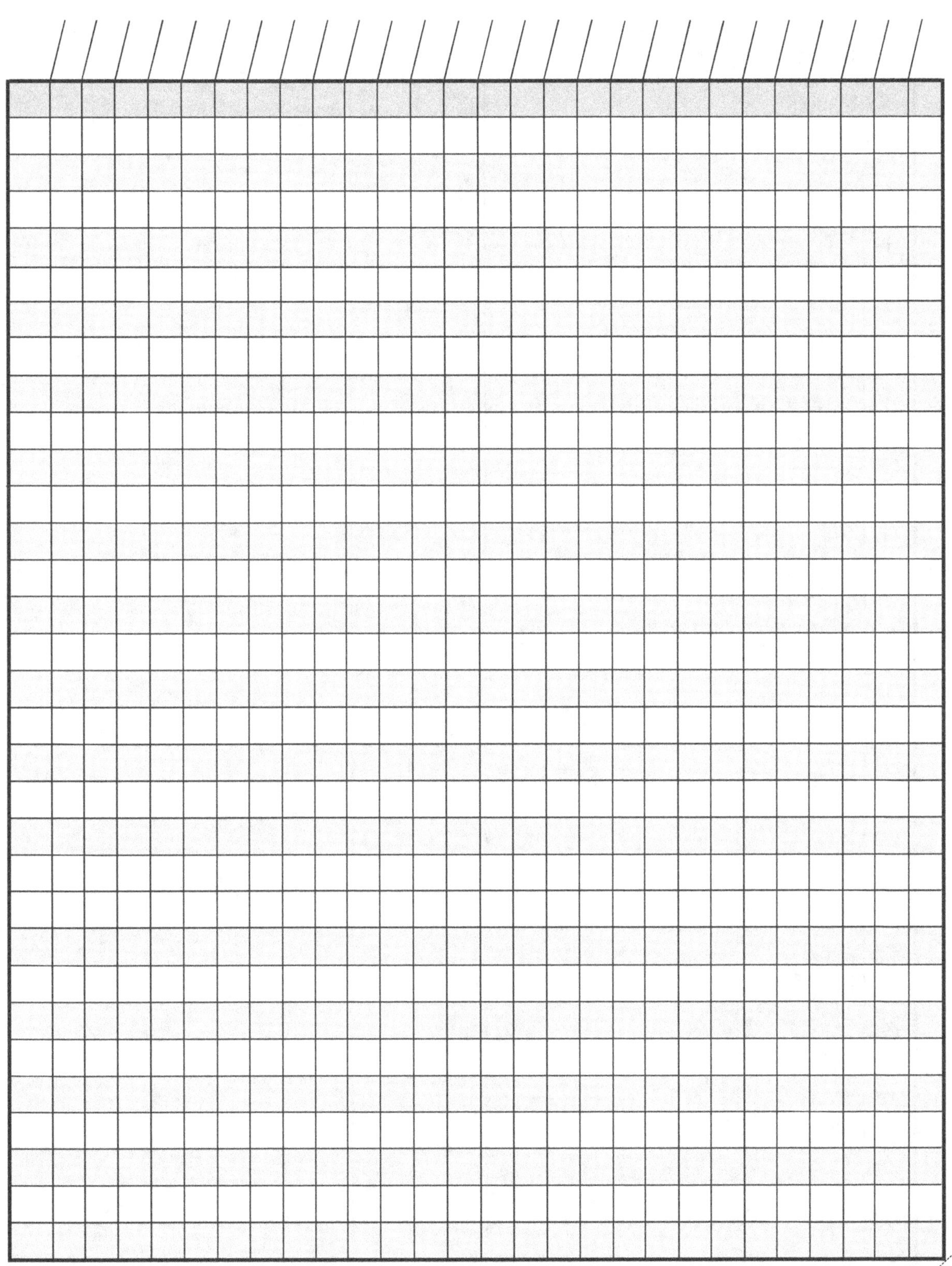

Klassenliste:

	Name:	Geb.Datum:	Telefon:	Sonstiges:
1				
2				
3				
4				
5				
6				
7				
8				
9				
10				
11				
12				
13				
14				
15				
16				
17				
18				
19				
20				
21				
22				
23				
24				
25				
26				
27				
28				
29				
30				
31				

Notizen

Sitzplan

Lehrerpult							

Notenliste Klasse:

	Name:																		
1																			
2																			
3																			
4																			
5																			
6																			
7																			
8																			
9																			
10																			
11																			
12																			
13																			
14																			
15																			
16																			
17																			
18																			
19																			
20																			
21																			
22																			
23																			
24																			
25																			
26																			
27																			
28																			
29																			
30																			
31																			

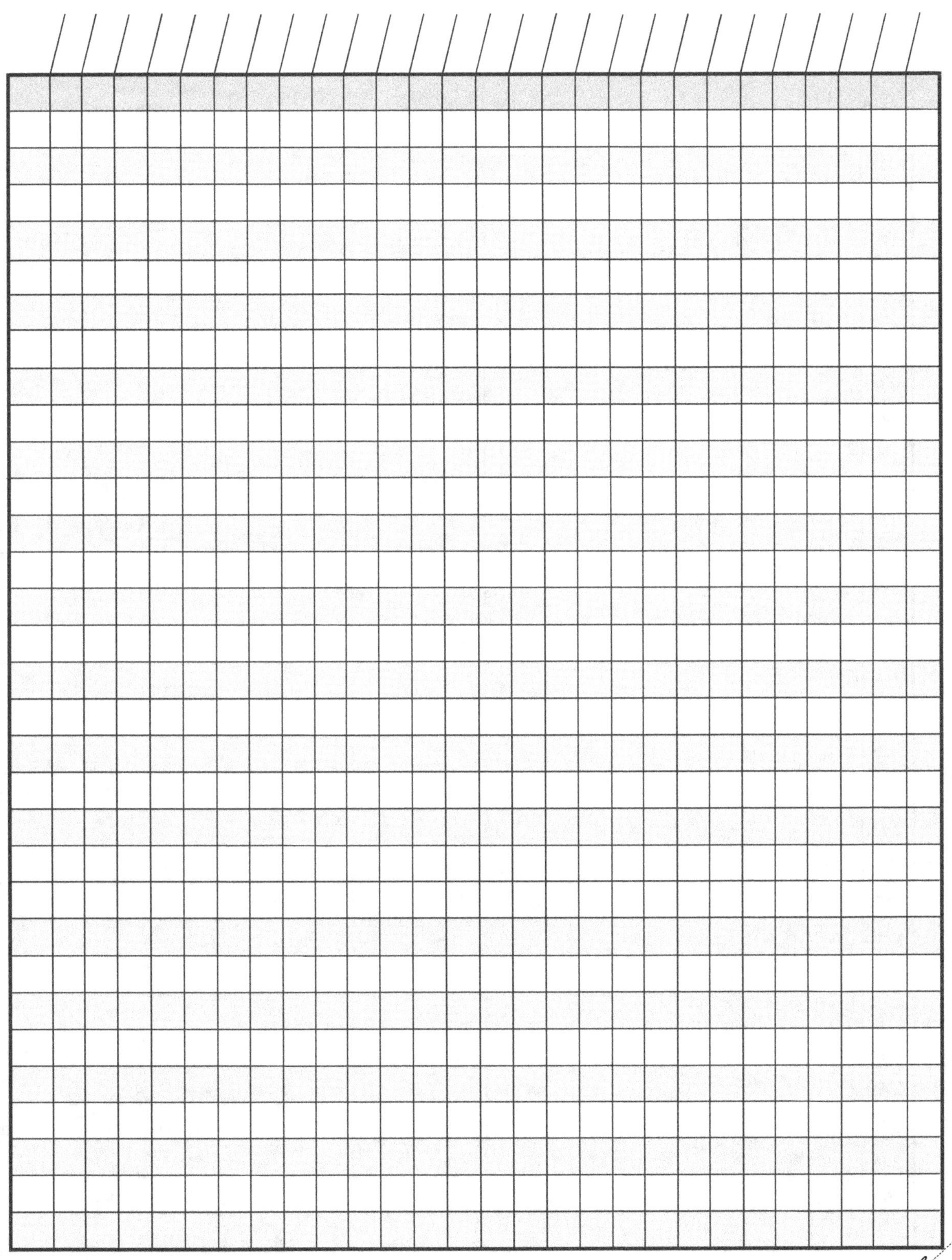

Klassenliste:

	Name:	Geb.Datum:	Telefon:	Sonstiges:
1				
2				
3				
4				
5				
6				
7				
8				
9				
10				
11				
12				
13				
14				
15				
16				
17				
18				
19				
20				
21				
22				
23				
24				
25				
26				
27				
28				
29				
30				
31				

Notizen

Sitzplan

Lehrerpult							

Notenliste Klasse:

	Name:																					
1																						
2																						
3																						
4																						
5																						
6																						
7																						
8																						
9																						
10																						
11																						
12																						
13																						
14																						
15																						
16																						
17																						
18																						
19																						
20																						
21																						
22																						
23																						
24																						
25																						
26																						
27																						
28																						
29																						
30																						
31																						

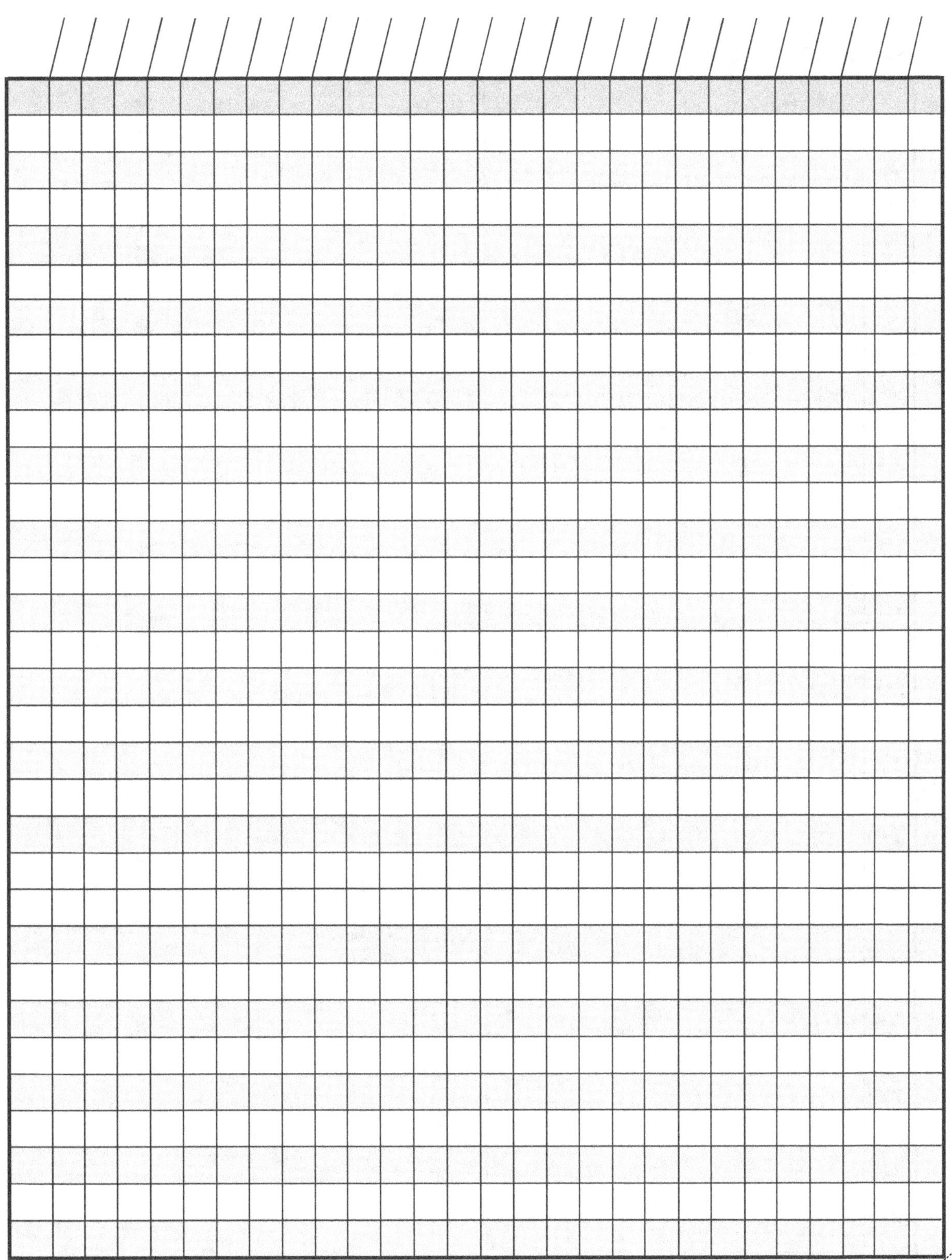

Klassenliste:

	Name:	Geb.Datum:	Telefon:	Sonstiges:
1				
2				
3				
4				
5				
6				
7				
8				
9				
10				
11				
12				
13				
14				
15				
16				
17				
18				
19				
20				
21				
22				
23				
24				
25				
26				
27				
28				
29				
30				
31				

Notizen

Sitzplan

Lehrerpult							

Notenliste Klasse:

	Name:																			
1																				
2																				
3																				
4																				
5																				
6																				
7																				
8																				
9																				
10																				
11																				
12																				
13																				
14																				
15																				
16																				
17																				
18																				
19																				
20																				
21																				
22																				
23																				
24																				
25																				
26																				
27																				
28																				
29																				
30																				
31																				

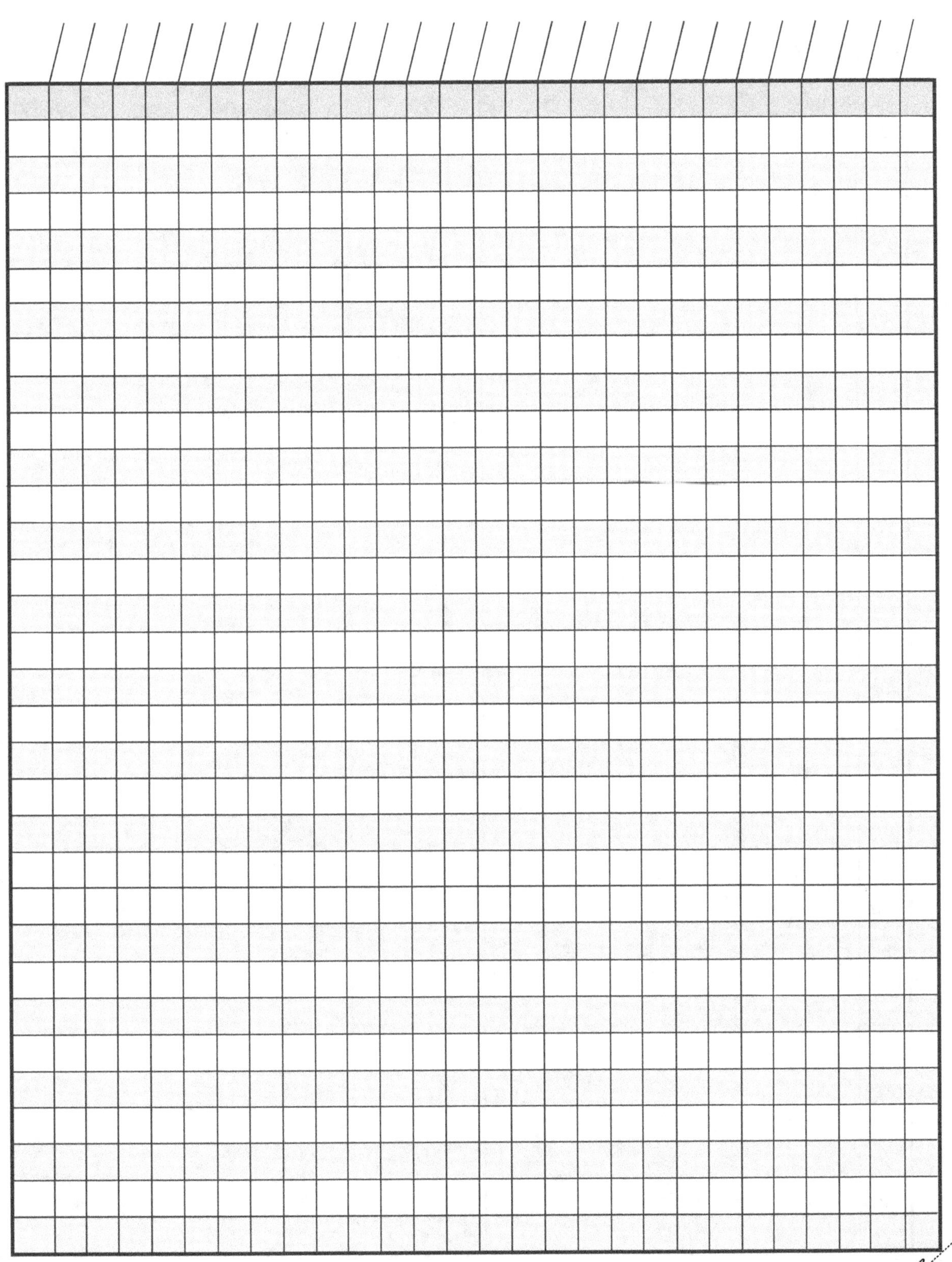

Klassenliste:

	Name:	Geb.Datum:	Telefon:	Sonstiges:
1				
2				
3				
4				
5				
6				
7				
8				
9				
10				
11				
12				
13				
14				
15				
16				
17				
18				
19				
20				
21				
22				
23				
24				
25				
26				
27				
28				
29				
30				
31				

Notizen

Sitzplan

Lehrerpult							

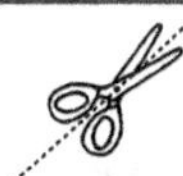

Notenliste Klasse:

	Name:																					
1																						
2																						
3																						
4																						
5																						
6																						
7																						
8																						
9																						
10																						
11																						
12																						
13																						
14																						
15																						
16																						
17																						
18																						
19																						
20																						
21																						
22																						
23																						
24																						
25																						
26																						
27																						
28																						
29																						
30																						
31																						

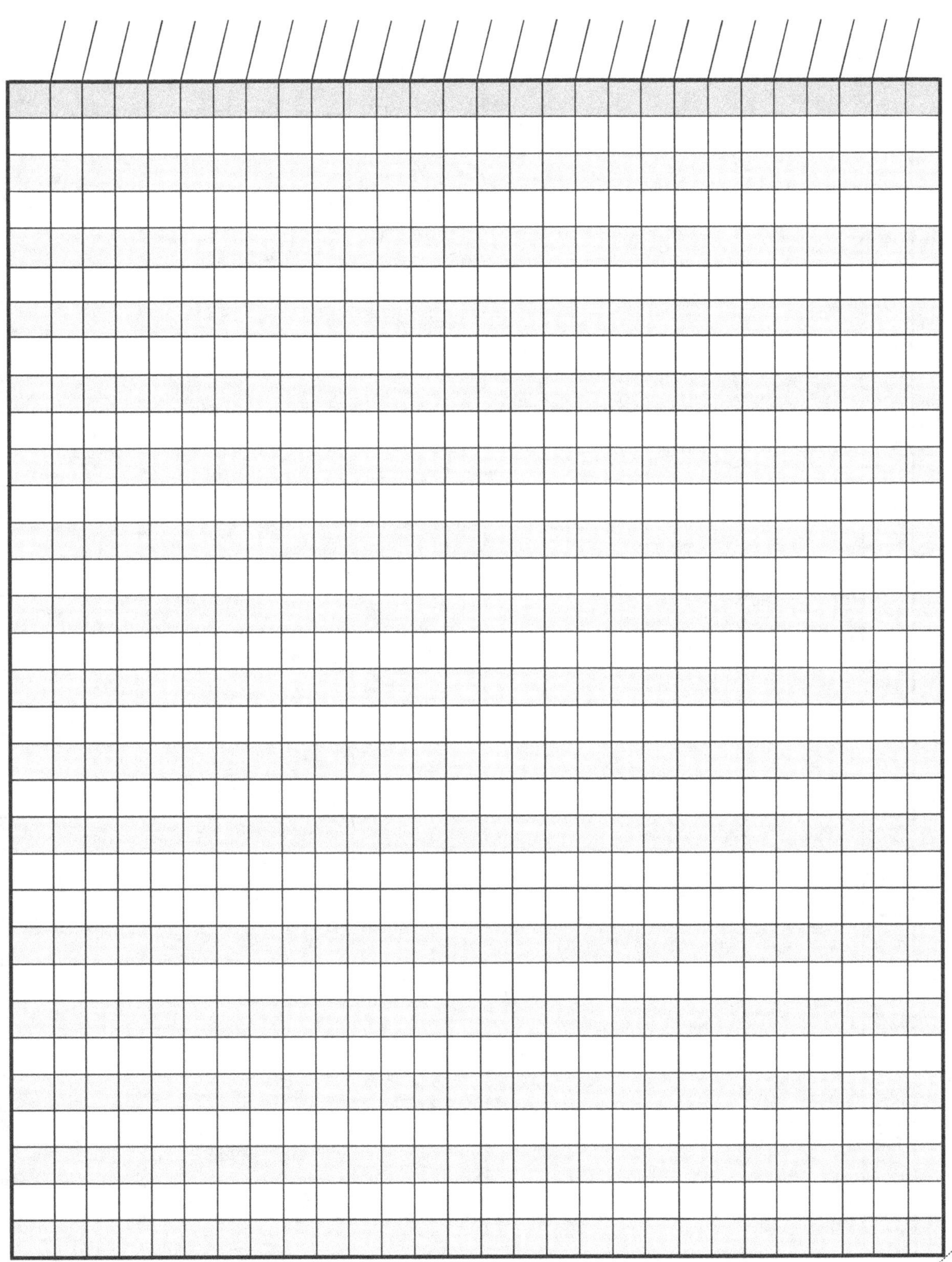

Klassenliste:

	Name:	Geb.Datum:	Telefon:	Sonstiges:
1				
2				
3				
4				
5				
6				
7				
8				
9				
10				
11				
12				
13				
14				
15				
16				
17				
18				
19				
20				
21				
22				
23				
24				
25				
26				
27				
28				
29				
30				
31				

Notizen

Sitzplan

Lehrerpult							

Notenliste Klasse:

	Name:																		
1																			
2																			
3																			
4																			
5																			
6																			
7																			
8																			
9																			
10																			
11																			
12																			
13																			
14																			
15																			
16																			
17																			
18																			
19																			
20																			
21																			
22																			
23																			
24																			
25																			
26																			
27																			
28																			
29																			
30																			
31																			

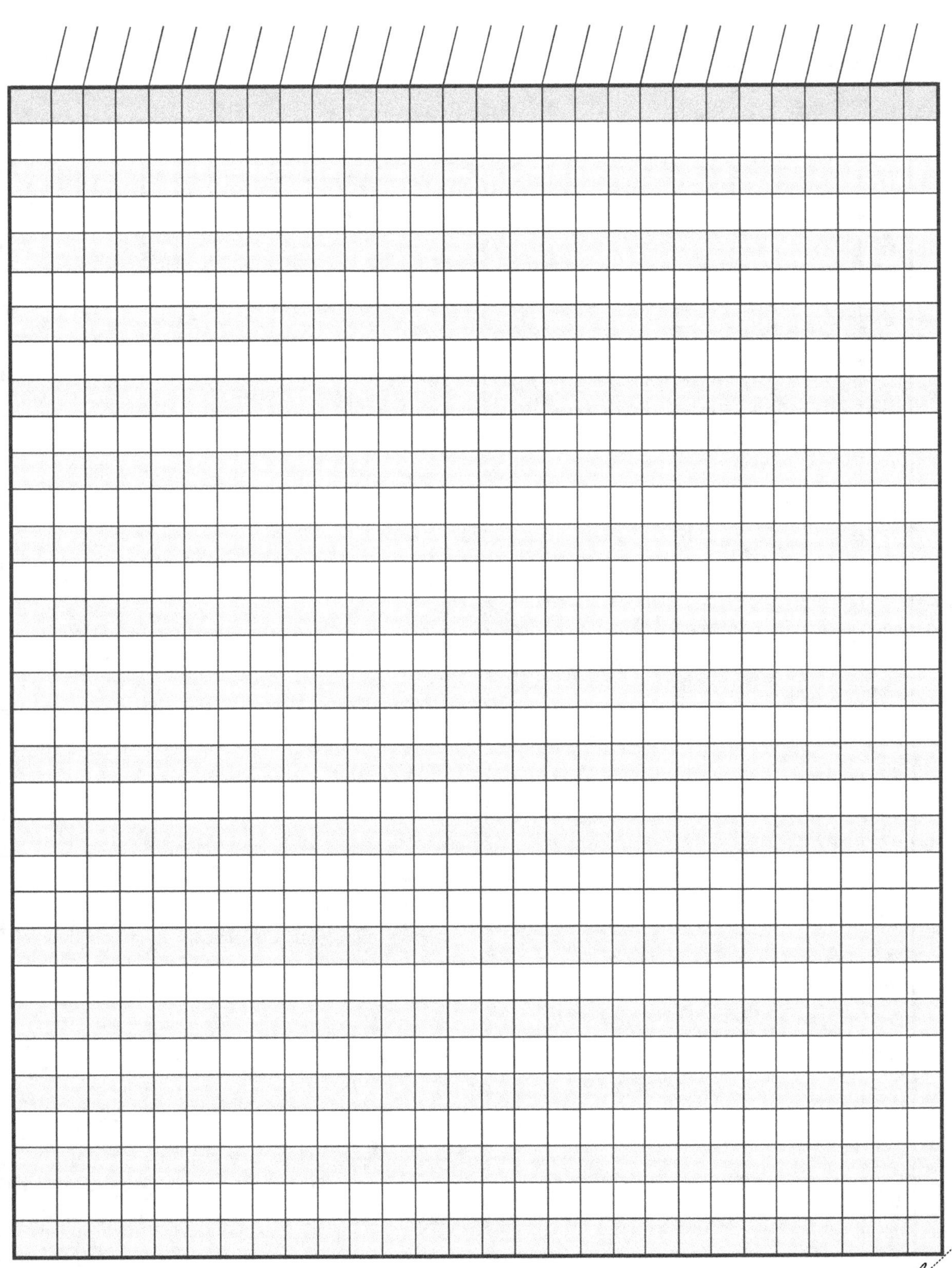

Klassenliste:

	Name:	Geb.Datum:	Telefon:	Sonstiges:
1				
2				
3				
4				
5				
6				
7				
8				
9				
10				
11				
12				
13				
14				
15				
16				
17				
18				
19				
20				
21				
22				
23				
24				
25				
26				
27				
28				
29				
30				
31				

Notizen

Sitzplan

Lehrerpult

Notenliste Klasse:

	Name:																					
1																						
2																						
3																						
4																						
5																						
6																						
7																						
8																						
9																						
10																						
11																						
12																						
13																						
14																						
15																						
16																						
17																						
18																						
19																						
20																						
21																						
22																						
23																						
24																						
25																						
26																						
27																						
28																						
29																						
30																						
31																						

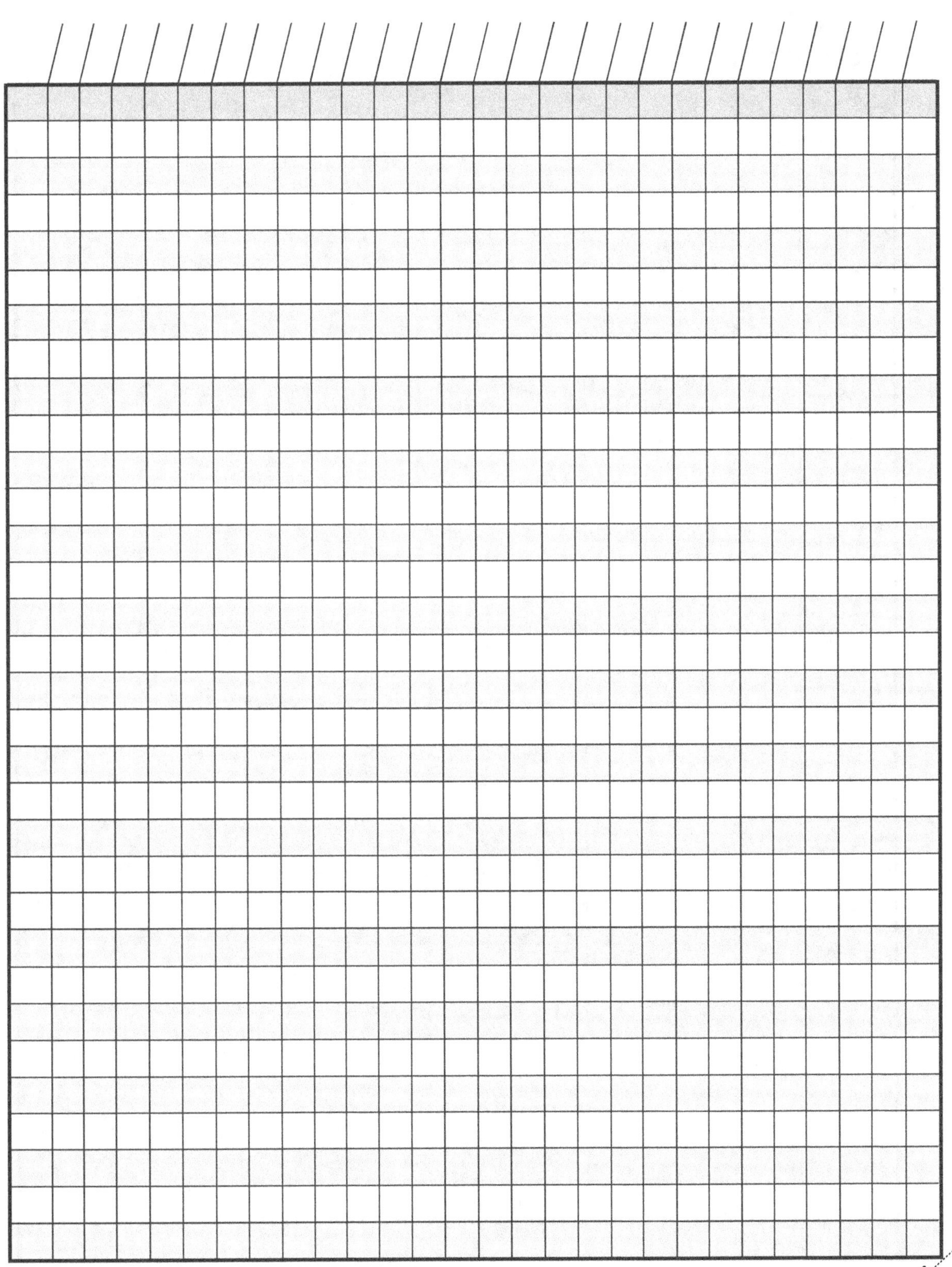

Geliehen

Datum	von	was ?	Sonstiges:

Verliehen

Datum	von	was ?	Sonstiges:

Elterngespräch

Schüler/in	Klasse:
Datum:	Erziehungsberechtigte/r:
Grund:	
Ergebnis:	

Schüler/in	Klasse:
Datum:	Erziehungsberechtigte/r:
Grund:	
Ergebnis:	

Elterngespräch

Schüler/in   Klasse:

Datum: Erziehungsberechtigte/r:

Grund:

Ergebnis:

Schüler/in   Klasse:

Datum: Erziehungsberechtigte/r:

Grund:

Ergebnis:

Elterngespräch

Schüler/in Klasse:

Datum: Erziehungsberechtigte/r:

Grund:

Ergebnis:

Schüler/in Klasse:

Datum: Erziehungsberechtigte/r:

Grund:

Ergebnis:

Elterngespräch

<table>
<tr><td>Schüler/in</td><td>Klasse:</td></tr>
<tr><td>Datum:</td><td>Erziehungsberechtigte/r:</td></tr>
<tr><td colspan="2">Grund:</td></tr>
<tr><td colspan="2">Ergebnis:</td></tr>
</table>

<table>
<tr><td>Schüler/in</td><td>Klasse:</td></tr>
<tr><td>Datum:</td><td>Erziehungsberechtigte/r:</td></tr>
<tr><td colspan="2">Grund:</td></tr>
<tr><td colspan="2">Ergebnis:</td></tr>
</table>

Elterngespräch

Schüler/in	Klasse:
Datum:	Erziehungsberechtigte/r:
Grund:	
Ergebnis:	

Schüler/in	Klasse:
Datum:	Erziehungsberechtigte/r:
Grund:	
Ergebnis:	

Elterngespräch

Schüler/in	Klasse:
Datum:	Erziehungsberechtigte/r:
Grund:	
Ergebnis:	

Schüler/in	Klasse:
Datum:	Erziehungsberechtigte/r:
Grund:	
Ergebnis:	

Elterngespräch

Schüler/in	Klasse:
Datum:	Erziehungsberechtigte/r:

Grund:

Ergebnis:

Schüler/in	Klasse:
Datum:	Erziehungsberechtigte/r:

Grund:

Ergebnis:

Elterngespräch

Schüler/in	Klasse:
Datum:	Erziehungsberechtigte/r:
Grund:	
Ergebnis:	

Schüler/in	Klasse:
Datum:	Erziehungsberechtigte/r:
Grund:	
Ergebnis:	

Elterngespräch

Schüler/in

Klasse:

Datum:

Erziehungsberechtigte/r:

Grund:

Ergebnis:

Schüler/in

Klasse:

Datum:

Erziehungsberechtigte/r:

Grund:

Ergebnis:

Elterngespräch

Schüler/in	Klasse:
Datum:	Erziehungsberechtigte/r:
Grund:	
Ergebnis:	

Schüler/in	Klasse:
Datum:	Erziehungsberechtigte/r:
Grund:	
Ergebnis:	

Konferenz / Besprechung

Datum: Thema:

Ergebnis:

Konferenz / Besprechung

Datum: Thema:

Ergebnis:

Konferenz / Besprechung

Datum: Thema:

Ergebnis:

Konferenz / Besprechung

Datum: Thema:

Ergebnis:

Konferenz / Besprechung

Datum: Thema:

Ergebnis:

Konferenz / Besprechung

Datum: Thema:

Ergebnis:

Konferenz / Besprechung

Datum: Thema:

Ergebnis:

Konferenz / Besprechung

Datum: Thema:

Ergebnis:

Konferenz / Besprechung

Datum: Thema:

Ergebnis:

Konferenz / Besprechung

Datum: Thema:

Ergebnis:

Notizen

Notizen

Notizen

Notizen

Notizen

Notizen

Notizen

Notizen

Notizen

Notizen

Notizen

Impressum: Ann-Christin Reichelt , Salzmarktstr. 24, 38899 Hasselfelde